大教育书系

教学论与生活

ДИДАКТИКА И ЖИЗНЬ

（苏）列·符·赞科夫◎著 耿丽萍◎译

长江出版传媒 | 长江文艺出版社

图书在版编目（C I P）数据

教学论与生活 / （苏）列·符·赞科夫著；耿丽萍译. -- 武汉：长江文艺出版社，2017.10
（大教育书系）
ISBN 978-7-5354-9751-2

Ⅰ. ①教… Ⅱ. ①列… ②耿… Ⅲ. ①教学理论—研究 Ⅳ. ①G42

中国版本图书馆 CIP 数据核字(2017)第 137527 号

责任编辑：秦文苑　马　蓓　　责任校对：陈　琪
装帧设计：天行云翼·宋晓亮　　责任印制：邱　莉　胡丽平

出版：长江出版传媒　长江文艺出版社
地址：武汉市雄楚大街 268 号　邮编：430070
发行：长江文艺出版社
电话：027—87679360
http://www.cjlap.com
印刷：湖北鄂东印务有限公司

开本：680 毫米×1000 毫米　1/16　印张：12　插页：1 页
版次：2017 年 10 月第 1 版　2017 年 10 月第 1 次印刷
字数：116 千字

定价：29.80 元

前 言

在以马克思列宁主义哲学为基础的苏联教学论中，全面概括了苏联全体中小学教师方方面面的工作经验，提出了促进中小学工作不断完善的基本理论和实际建议。苏联的教学论研究，吸收了以往杰出的教育家的思想精华，进一步推动了相关问题的研究，同时，对已有的原理也进行了批判性分析。

近年来，在教学论方面出现了一系列重要著作①。在这些著作中都是以教师的亲身经验为出发点来研究教学过程的各个方面，解释并普及了教学论的原则、规则和要求。在达尼洛夫的书中试图揭示教学过程的逻辑性。这样的研究方向无疑是值得关注的，它能够丰富教育科学，并在教学实践中得到广泛的响应。

承认苏联教育学所取得的成绩及其在学校教学实践中所起的

---

① 达尼洛夫：《苏联学校的教学过程》，莫斯科：教育书籍出版社，1960 年版；达尼洛夫、叶希波夫：《教学论》，莫斯科：俄罗斯联邦教育科学院出版社，1957 年版；叶希波夫：《教学论原理》，莫斯科：教育出版社，1967 年版。

巨大作用，并不排斥有必要对教育科学这一领域的现状进行批判性分析。在苏联建设共产主义时期，对学校和教育科学提出了极其复杂而又重要的任务。教学的实践和理论不仅应该要跟上生活要求的步伐，而且还要能高瞻远瞩。

在苏共中央和苏联部长会议1966年11月通过的《关于进一步改进中等普通学校工作的措施》的决议中强调指出："在科学技术进步和社会蓬勃发展的条件下，学校的作用前所未有地得到提高，学校应该保证年轻一代合格的共产主义社会建设者的全面发展"①。

决议中指出，必须要大大提高学生的知识质量，更好地把学生培养成对社会有用的劳动者，还确定了发展学生多方面的兴趣和才能的措施。

在教学论层面长期以来尚未得到研究的问题值得广泛深入地研究。这些问题中包括教学和发展的相互关系问题。揭示教学的结构和学生在发展上的进步之间的客观联系的特点，才能使学校工作的效果从根本上得到提高。

学生的一般发展对其从学校毕业后的活动的意义，无论怎么估价都不会过高的。我国科学和技术的进步如此迅速，以至于学校教育都跟不上它的步伐。当然，根据现代的科学和技术的水平来编制教学大纲、课本和教学方法是完全必要的。但是，从学校毕业后，年轻人不可避免地会碰到他不知道的科学发明和新技

---

① 1966年11月19日《真理报》。

术。只有具备相应的智力、意志力和情感品质的人才能快速地找到方向并成功地掌握陌生的材料。

当然，对学生发展产生影响的不仅是学校，还有家庭、儿童和青少年组织、书籍、广播、电影、戏剧等等。但是，既然学校的教学教育工作是一个目标明确的体系，它的基本任务是用各方面的科学知识和技巧来武装学生，那么学校在学生的发展中就应当起主导作用。

教学和发展问题的紧迫性不仅仅是因为科学和技术的快速发展。在实现崇高的人道主义理想——个性的全面发展中，苏联学校起到了突出作用。个性的全面发展意味着精神丰富、道德纯洁和体魄健康在个性中达到和谐的结合。

现在教学论已经不能仅仅局限于知识和技巧领域了，无论这一领域有多么重要。首先，必须要制定一套设计教学过程的科学教育原理，以使中小学生的发展达到最佳效果。因此，需要寻求符合这一任务的新的原则、规则和要求。因为学生的发展是在教学过程中实现的，所以针对掌握知识和技巧的教学规则和原则也会给学生的发展带来一定的效果。但我们的任务并不是取得某种效果，而是取得学生发展效果的最大化。要完成此任务需要对教学过程进行特别精心的安排和设计。下文将对此作进一步阐释。

其次，必须研究并论证教学和品德教育真正统一的具体方法和形式。毫不夸张地说，完成这一任务是国家期盼的改善苏联中小学工作的一个必要条件。众所周知，在教学论的内容中包括品德教育，世界观的形成，还涉及培养学生的独立能力、创新精神，以及在教学过程中培养其他的个性品质。研究中所提到的这些重要问题是为了实现在知识技巧的传授与品德能力的培养之间建立联系。仅仅做到这一点现在已经无法满足需要。生活有权要求坚决提高中小学生的思想道德教育。

不言而喻，为实际上能完成所提出的任务而必须建立一套科学教育原则，这与其说是属于教学论范畴，不如说是属于思想教育范畴。并且，教学论对避免将知识技巧的传授与品德能力的培养形式上捆绑在一起起到重要作用。应该这样来组织学习，要让学习本身能造就道德高尚的人。从这些目的的角度来看学习的动机问题，师生关系问题，教学方法问题都会有所不同。

可见，在我国，学校的教育落后于社会发展的需要，要弥补这一不足，更新学校教学的教学法体系将会起到极重要的作用。当然，不是光靠高谈阔论，书面上改变说法，或补充一些原则和规则，就能完成这些任务，而是要深入研究学校所面临的实际问题，通过大胆的教育实验来完成这项任务。因此，方法问题，教学法问题，以及组织教育研究，包括教学法研究在内的各种问题，比以前任何时候都更尖锐地凸显出来了。

我们都知道，研究方法一直是教育学中的弱项，而现在这种状况已经到了让人无法忍受的地步。现今，学校和教育科学所面临的最复杂的任务需要有反复验证的研究方法，且运用时要加以区分，要有针对性，要适合所研究的问题。

应该特别重视研究和总结教师的先进经验。当然，描述他们的经验，并对其进行分析，这些都是必须的，而且，教学论的强项就是广泛搜集和全面分析各方面的教学实践经验。但现在，从新任务的角度来看，又出现了一系列等待解决的问题。是否能只满足于分析和总结至今仍占主导地位的教师经验？还有哪些更完善的分析总结的方法？什么是教师技能，它在哪方面符合教学教育的客观规律？在不同的条件下，教师的工作方式既相似，又有差别，教师也有各自的个性特点，那么，其他教师如何学习掌握先进教师的经验？如果能找到这些问题的答案，那么研究、总结先进的创新经验大概就能取得可观的效果。

数学方法、控制论已经渗透到各门学科中，它们在教学论中也是不可或缺的。这方面已知的尝试就有设计程序化教学，教学中的规则系统化，建立和使用教学电化设备。鉴于此，有必要对所提到的新现象进行教学论评估。但如果对所提出的教学手段的合理性和效果不进行研究，尤其是实证研究，就不可能做出这种评估。

以上所述，远远没有全面列出和新任务相关的应该成为教学论研究对象的问题。为了不辜负人们对教育科学的期望，我们只是提出了某些最重要的问题，以此表明，教学论的研究范围是多么宽广，又面临多少要做的事。

※　※　※

近几年，对教学论现状的不满情绪表现得非常明显。尤其是1962～1964年《人民教育》杂志上所进行的大讨论充分表明了这一点。例如，列舍特尼科夫这样写道：“我们的教学论往往不仅不能指导学校教学，而且甚至落后于苏联学校的先进实践”①。有着同样看法的还有帕拉马尔丘克②及其他参与大讨论的人。

来自里沃夫市的教师斯捷帕尼申认为，现在教学论的主要缺点是，教学论的“出发点是发展，但主要是发展学生的复制模仿能力，而不是发展学生的创造能力”③。

斯卡特金指出，教学论中有一系列重要问题尚未得到仔细研究。在这些问题中，他特别提出的是作为学习劳动集体的班集体的形成问题。斯卡特金还认为，教学论不仅应该是教学理论，还应该是自我教育理论，因为，对于一项成功的活动来说，需要的不仅是在学校学到的知识，还有完全自主地获得的知识，这不是什么秘密④。

在大讨论过程中教学论研究方法受到了极大的关注。例如，奥卜拉坎斯基写道：“许多教育学（包括教学论）著作的缺点是，它们都是以人为的方式创造出来的，内容由学校的生活碎片（即使是正面的经验）组成。研究者通过观察搜集一些正面的事例，

---

① 列舍特尼科夫：《教儿童学习》，载《人民教育》1963年第6期，第25页。

② 帕拉马尔丘克：《更大胆地寻求新思路》，载《人民教育》1963年第6期。

③ 斯捷帕尼申：《有些问题需要回答》，载《人民教育》1963年第3期，第79页。

④ 斯卡特金：《教学论研究的重要方面》，载《人民教育》1964年第3期。

将这些事例同教师工作的总体系割裂开来。"①

大讨论中还涉及一些在教学论中运用数学方法和控制论方法的问题。在探讨运用这些方法的可能性时，伊杰尔松提出了它们在教学论研究中的地位和具体作用的重要问题。他认为，最重要的原则是，教学论中数学方法和控制论方法与对教学现象的具体特点进行教育学、心理学、社会学的研究和分析具有不可分割的统一性②。

或许，在讨论的过程中不是所有教学论发展的重要问题都被提出，且一些论点并不完全正确。无论如何，科学工作者和教师都不约而同地认为，教学论的现状不能满足生活的需要，要将教学论提升到新任务的高度还有大量的工作要做。

※ ※ ※

本书将研究至今国内尚未充分研究的或稍有提及的一系列问题。同时对教学论原则和教学方法以全新的角度呈现出来。重点关注教学和中小学生发展之间的关系问题。

我们不打算系统阐述所提出的问题，或者在总结所有教学论著作的基础上，对这些问题做出全面回答。本书中所提出的各种原理，首先，主要是以实验教学论实验室进行的研究为基础的，其次是以教育科学院教育学理论与历史研究所从 1952 年至今所

---

① 奥卜拉坎斯基：《论我们的教学论的优缺点》，载《人民教育》1963 年第 5 期，第 27 页。

② 伊杰尔松：《论教学论的科学原理》，载《人民教育》1963 年第 10 期。

进行的实验为基础的。

本书试图从刚刚提到的两个实验室的研究中，也从其他教学论研究中吸收材料，这些材料在某种程度上能有助于回答被我们当代现实和苏联学校发展前景所提出的问题。

目　录

第一章　教学与发展

教学与发展的相互关系问题

教学与发展的相互关系问题既可作为心理科学的研究课题，也可作为教育学的研究课题。尽管这两个研究方向上教学与发展的关系都无法划出明确的界线，但终究需要分清它们之间的界线。在心理学上没提出制定一定教学体系或教学方法的任务，关于教学对发展的影响只做一般性的研究，而重点是研究发展本身，研究发展的过程和从理论上阐述获取的心理学案例。

早在 30 年代，教学与发展的相互关系就作为心理学问题受到维果茨基的重视①。他曾对当时广为人知的皮亚杰、詹姆斯、

① 维果茨基：《心理学研究集》，莫斯科：俄罗斯苏维埃联邦社会主义共和国教育科学院出版社（以下简称“俄罗斯联邦教育科学院出版社”——译者注），1956 年版。

考夫卡的论点进行了有理有据的批评性分析。这些人的观点维果茨基都是作为典型进行研究的，并试图在其中找到解决教学与发展问题的方法。

维果茨基对教学与智力发展问题形成了自己的独特观点，这和批评上述作者的观点有着密不可分的关系。教学走在发展的前面。教学不仅是以完整的发展周期为基础，而且首先是以尚未成熟的心理功能为基础，并促使其不断成熟。

这些论点和维果茨基的心理学理论有着密不可分的联系。根据他的理论，中小学生的年龄特点是，处于心理过程中的自我意识和自我意愿产生和发展的阶段。例如，在学龄前，儿童的口语表达能力已取得很大的进展，但实际言语活动是无意识的。学校开始教孩子们书面表达和语法，这时他还没有形成那些掌握书面语和语法的所有心理机能。但是，因为掌握书面语需要他有言语活动的意识和意愿，而学习语法使他了解语言规则，所以，儿童在学习的时候，智力发展非常快。

维果茨基的理论观点的特点是，承认儿童心理活动发展具有真正的社会属性：这里起决定性的条件是合作和教学。同时，发展不在于是否掌握知识和技能；在于教学过程中心理机能是否会重新调整，获得新的特点。

确定儿童发展因素的问题，教学在发展中的作用问题，在国外教育学和心理学中都占据不小的地位。儿童的智力发展问题以及发展和教学的联系问题要么有专门研究，要么在许多外国心理学家，如皮亚杰、埃维里尔、加斯里、托尔普、赫尔洛克等的著作中有所涉及。该问题出现在各个不同的方面：心理发展过程和社会发展；成熟与发展；发展研究与学习理论；迁移问题等等。

教学与发展的关系在国际学术会议上也备受关注。资本主义教育学家和心理学家对儿童发展因素问题会做出怎样的回答呢？有一种观点认为，儿童天赋秉性的发展是不以人的意志而改变的（唯心主义思想），即，是从一开始就储存在儿童身体里的心理特征的展开，那么这样的观念能否被改变？

评述 1957 年佛罗伦萨第二届国际实验教育学大会时，阿纳尼耶夫总结道："这届国际教育学大会表明，尽管一些进步学者极力反抗儿童发展的自然性和无拘束养育理论的高压态势，但这些理论在资本主义教育学和心理学中占主导地位，也形成了其思想危机的特点。"①

在对罗马实用心理学国际大会（1958 年）的总结中阿纳尼耶夫也得出了相似的结论："大部分报告都是以儿童智力发展不清晰的调查研究和所谓的这种发展的真实分析为基础。显然，教学、教育、教养在这些报告中都是作为偶然的、次要的条件被研究的，它们在意义上也要次于遗传和周围环境的影响。"②

因此，尽管研究儿童发展问题的角度很多，也累积了很多实例，但是，资本主义教育学和心理学对上文提到的基本问题给出

① 阿纳尼耶夫：《小学教学教育过程中儿童的发展》，载《小学的教学和教育问题》，莫斯科：教育书籍出版社，1960 年版，第 4 页。

② 阿纳尼耶夫：《小学教学教育过程中儿童的发展》，载《小学的教学和教育问题》，莫斯科：教育书籍出版社，1960 年版，第 5 页。

了和几十年前相同的回答。我们可以引用彪勒和斯滕很久以前提出的观点为例。

彪勒认为，当说到发展这个词“最初的真正的含义”时，首先指的是禀赋，其次是实现它的目标和方向。实现早就储存在身体里的目标，就是完善心理学意义上的生命。在心理学发展中可以发觉内部的节奏、精神的成长。外界影响的作用仅限于它们要么使发展加快，要么使内部节奏减慢①。正如我们所见，彪勒观点的核心是证实存在预示发展方向的内在目标。

斯滕曾提出过一个错误的观点。斯滕认为：“个体的最重要部分”是他拥有内在固有的目标。个体和周围世界的相互作用被斯滕视为“趋同”。趋同是周围世界参与“铸造”个体的禀赋②。

彪勒和斯滕的观点的特点是目标存在性，即，对某种内在目标的追求是确定的，是主体固有的。外部影响没有被作为心理发展的原因来研究，它们不是什么作用都不起，它们的作用在于使最初储存的本性显现得快点或慢点。这些观点在根本上与对发展的科学的因果理解是背道而驰的。

在苏联心理科学中，有许多对发展及其根源的见解占有牢固的地位。属于这样见解的有论题“儿童的心理发展是以教育为前提的”③。这个论题往往被弄得特别清楚，而被表达成儿童个体

---

① 彪勒：《人的精神发展》（译自德文），新莫斯科出版社，1924年版，第70～71页。

② Stern W. Die Psychologie und der Personalismus. — Leipzig，1917（斯滕，心理学与人格主义）。

③ 此处“教育”这个术语是广义的，包括教学——作者语。

发展中教育起决定性主导作用（科斯丘克）。

还要正确地指出，教学、教育和发展之间存在复杂的相互依赖性。科斯丘克写道："儿童的心理发展，是以对他进行教学和教育为前提的……同时，教学和教育本身是随着儿童的发展而发展的，这取决于他的年龄特点和个人能力。儿童的发展是在由社会通过学校、教师、父母提出的不断复杂化的要求下完成的。但是，要求的增加能够实现是因为，在发展进程中儿童形成了完成新要求所需的新能力。"①

承认教育在儿童发展中的主导作用绝不意味着忽视发展的内在规律。遗憾的是，发展的内因和外因之间的相互关系几乎完全没有得到研究。对它们之间相互关系的研究是最重要的任务之一，并且这里还特别需要将心理学和教育学之间相互联系起来。

科斯丘克正确地提出，"教育在儿童发展中起决定性作用这一观点在我们心理学文献和教育学文献中表达得不仅非常抽象、概括，而且很片面。在对这个问题概括的论断中很少将教学过程、教育和发展之间的内部关系展开论述，也没有确定教育引导成长中的个体发展的有效条件"②。

教学与发展问题的教育学研究的突出作用从上述观点的角度看显得尤为明显。这些研究将推动很多方法论问题的解决。同

---

① 科斯丘克：《儿童的教育和发展的相互关系》，载《苏联教育》，1956年第12期，第69～70页。

② 科斯丘克：《儿童的教育和发展的相互关系》，载《苏联教育》，1956年第12期，第60页。

时，弄清楚教学在小学生发展中的具体作用，寻找教学对发展的最合适的方法，是合理完善教学和教育过程的科学教育原则。

在深入研究教学和发展的教育学问题中具有头等意义的是，什么方法能够在学生发展中取得良好的结果这个问题。乌申斯基特别强调，教学具有发展作用的思想对小学阶段很适用，这个思想也以这样或那样的形式在很多杰出的思想家和教育家（卢梭、裴斯泰洛奇、第斯多惠等）那里也有所反映。

该如何理解教学对发展的作用这个问题和所谓“形式教育理论”有联系。乌申斯基在“星期日学校”这篇文章中说，他正在研究教育的形式目的和现实目的的相互联系。乌申斯基写道：“第一个目的即形式目的，在于学生智力能力（观察力、记忆力、形象思维能力、想象力和判断力）的发展。”① 为了达到第二个目的即现实目的，则“需要理智地选择观察对象、想象对象、描述对象”，也就是那些有助于唤起儿童智力能力的对象。

教师不应该执着于其中某一点，而忽略了另一点。

正如我们所见，乌申斯基不仅没有把形式教育和现实教育对立起来，相反，却肯定了它们之间的内在联系。在批评“形势教育理论”时，乌申斯基说：“智力的形式发展，像人们以前理解的那样，是不存在的主观幻想，智力只有在现实的实际的知识中

---

① 乌申斯基：《乌申斯基文集》，第2卷，莫斯科一列宁格勒：俄罗斯联邦教育科学院出版社，1948年版，第500页。

才能发展……”①

因为认为学生思维发展具有很大的意义，乌申斯基制定了逻辑练习的严谨体系。这个体系的核心是认清单词的意思，这些单词中的大部分孩子们以前是知道的，并将单词归入各个不同的类别中。比如，在《祖国的语言》的头两期中出现有学习用品和玩具的名称。孩子们根据任务复现相应的名称，在一段篇章中划出玩具名称或学习用品名称，回答诸如“什么是书”和“什么是球”之类的问题。在《祖国的语言》中还包含这样的主题，如“家具”和“餐具”；“衣服”“鞋子”“家用布品”；“家畜和野生动物”等等。

因此，乌申斯基区分出了两种开发学生智力的方法。方法一是在获取知识的过程中用“附带的方式”（乌申斯基自己的表述）训练智力。方法二是更大程度地指向发展本身，但这里所进行的是学生学习特定的教学材料。这第二个方法首先是针对学生逻辑思维的形成。

在苏联教育科学中公认的观点是，中小学生的发展是在掌握科学基础知识的过程中取得的。“我们的普通教育和综合技术教育是以培养全面发展的人为目的和任务的，其出发点是在学校教育中应该用一定的知识体系、能力和技能来武装学生，同时还要保障他们认知能力的发展。”②

---

① 乌申斯基：《乌申斯基文集》，第 8 卷，莫斯科：俄罗斯联邦教育科学院出版社，1950 年版，第 661 页。

② 凯洛夫等：《教育学》，莫斯科：教育书籍出版社，1956 年版，第 95 页。

在一些教学论著作中也阐明了教学在这方面对发展的作用。加涅林这样写道："教学不仅是获取知识的过程，也是智力发展的过程。"①

在学生的发展中起到巨大作用的是教学方法。

同时，特别提到了如何选择传授新内容的方法问题：选择一种能促进学生思维和观察力发展的方法非常重要②。有时也可以列举一些有助于学生思维发展的解题方法：用多种方法解题，设置一些取材于生活的任务，而接下来解决这些任务则需要分析和检验解题方法。

特别指出了那些有意义的教学的方法和形式，它们能使学生的认知活动活跃、积极，能使学生将知识运用到劳动中。这些方法不仅要对学生的智力发展有效，也要对他们的能力发展、才能的发展、独立性和创新能力的发展有效③。

达尼洛夫认为，教学对学生智力发展产生影响的主要条件是学生能在新的教学内容中使用那些之前曾经用过的逻辑思路和方法。在分析六年级课题"多项式相乘的几个公式"的一节代数课后，达尼洛夫以此为材料具体说明了上述观点：运用合理的方法

---

① 加涅林：《教学的自觉性原则》，莫斯科：俄罗斯联邦教育科学院出版社，1961 年版，第 35 页。

② 达尼洛夫、叶希波夫：《教学论》，莫斯科：俄罗斯联邦教育科学院出版社，1957 年版。

③ 叶希波夫：《教学论原理》，莫斯科：教育出版社，1967 年版；叶希波夫：《学生在课堂上的独立学习》，莫斯科：教育书籍出版社，1961 年版。

推导出公式，在算术式和代数式中找到共同点和不同点（相似点往往是不容易被发现的），用新的代数公式解算术例题，这些都起到非常重要的作用①。

该方面所研究的教学方法和手段的作用是针对小学阶段的。例如，季托娃关注的是，阅读、自然、历史课堂上为了发展儿童的想象力应当如何恰当地组织听和观察②。劳动课的教学方法要考虑到将技能、技巧与发展学生思维的积极性和独立性结合起来③。

总之，在教学论中，当谈到在学生发展中取得良好效果的教育方法时，特别受到重视的是教学方法和手段。选择方法，从上述任务的角度运用该方法，找到相应的方式和手段，或将已知的方法和手段改变形式，这才是探索的方向。

另一条路子是建立教学法体系，指的是针对中小学生的普遍发展。该方法的不同之处在于学校发展学生不是东一榔头西一棒子按零敲碎打的方式进行，而是一套完整的过程体系。下文我们会用到“实验系统”这个术语，指的是苏联学校小学阶段教学方法的实验方案。“实验系统”和“实验教学”这两个术语我们在

① 达尼洛夫：《苏联学校的教学过程》，莫斯科：教育书籍出版社，1960年版。

② 季托娃：《学生的言语修养与发展》，载《小学的教学与教育问题》，莫斯科：教育书籍出版社，1960年版。

③ 通科诺加娅：《四年级劳动课中发展学生思维的积极性和独立性》，载《小学教学过程中儿童的教育与发展》，莫斯科：俄罗斯联邦教育科学院出版社，1960年版。

使用时的含义是不同的。“系统”这个词我们仅用来强调实验教学的整体性。

我们1957年开始的以小学教学为材料所进行的研究中，假设教育作用的整体性是决定教育作用对发展是否取得高效的性质。其出发点是高级神经活动生理学和心理学的理论观点。巴甫洛夫关于大脑两半球皮层活动的系统性的学说，其中重要的一个方面是，“内部过程协调平衡系统”是系统中不断受到刺激反应的结果①。换句话说，内部过程系统是以一定外部作用系统为条件的。

表面看来，内部过程作用拥有“协调系统”是儿童心理发展的实质。这种论断在维果茨基关于学生智力发展的心理学思想中能找到依据。维果茨基认为，中小学年龄段的最大特点是独特的心理过程性和自觉性的产生和发展，此时掌握系统中的各种概念起到特别的作用，他写道：“……只有系统中的概念才具有意识性和自觉性。在概念方面，意识性和系统性完全是近义词……”②

我们很清楚，巴甫洛夫上述观点的提出是以动力模型形成为根据的，而在维果茨基的思想中最重要的一点是，儿童所要掌握的科学概念，和一个事物相关的同时也包含和另一个概念的联

① 巴甫洛夫：《巴甫洛夫全集》，第3卷下册，莫斯科—列宁格勒：苏联科学院出版社，1951年版，第240页。

② 维果茨基：《思维与言语：心理学研究集》，莫斯科：俄罗斯联邦教育科学院出版社，1956年版，第248页。

系。巴甫洛夫和维果茨基的思想有着最现实的意义，不仅是在他们各自的专业方面，还在于他们的思想被作为普遍的科学思想。正是在这个意义上，我们在强调教育对儿童发展影响的整体性的特别作用时，把他们的思想作为依据。

因为我们的教育学研究的主要目的是揭示教学设计和学生普遍发展进程之间客观联系的特点，为了寻求研究中一系列问题的答案需要建立和传统体系完全不同的教学实验系统。我们提出如下一些问题：低年级学生在现有的传统的教学方案中得到的发展是否达到了极限？那个能使学生在发展上获得更大成果的教学法体系是什么样子的？在传统教学法条件下和在小学教学实验系统条件下学生的普遍发展进程分别是怎样的？在学生普遍发展取得相当大的进步的基础上保证在掌握知识和技能方面再创佳绩，这种假设能否成立？

因此，我们研究的基本方法是教育实验。其中主要方面是比较小学教学实验系统和现行的传统教学法的特点和结果。

在研究教学和发展这个教育学问题时，我们的理论出发点是教学和教育在儿童发展中起主导作用。还有一个重要的理论出发点是，仅以掌握知识和技巧为目标的教学不能给学生带来高水平的发展，必须注意到发展的任务而专门构思、设计教学过程。我们的行动指南仍然是这样一条颠扑不破的真理，即完成任务不是通过做什么特别的有某种心理学属性的习题，而是在学会各学科基本理论的过程中掌握知识和技巧。

必须顺便说一下，以发展任务为出发点来特别设计教学的要求有时会受到质疑。例如，达维多夫说出的一个观点是，“直接要求保障儿童普遍发展，虽然具有人文主义情怀，但只有在学习过程本身不能在心理和品德发展方面取得应有的效果时，这个要求才具有意义”。接下来，当提到教育人文主义（例如，在俄罗斯的代表人物是乌申斯基）和特别的“发展”方法只是在“资本主义学校”的条件下才有意义时，达维多夫继续写道：“让苏联中小学校的教学大纲中充满发展的内容，这种做法没有障碍……因此，不管由赞科夫提出的‘核心’外表多么光鲜，它的内在思想，不管作者愿不愿看到这一点，都不符合新式学校的条件和能力。”①

说出了那么重要的论断，达维多夫却仅限于证明“让苏联的中小学校教学大纲中充满发展的内容不存在障碍”。众所周知，苏联中小学校的教育内容在方法上、科学性上、教育性上，不仅无可比拟地高于革命前的学校所教授的知识，而且两者之间有着原则上和本质上的区别。

但由此完全不会得出达维多夫想要得出的结论，却顺理成章地形成相反的结论：苏联中小学有特色的教育内容是从构思设计以发展为任务的观点出发，同时保证为教学效果最大化的教学过程创造了（不同于乌申斯基时期的学校）特别有利的条件。

以上我们已经援引了很多教学论的观点，这些观点都将教学的方向，教学任务定位为学生的发展。我们再补充一点，在确定

---

① 达维多夫：《小学教学内容的变化》，载《苏联教育学》，1964 年第 4 期，第 103 页。

教学论的对象时，要把制定促使学生发展的教育学方法作为基本问题之一："如何在了解各学科基本理论的基础上发展儿童的认知兴趣和能力，使他们形成共产主义世界观。"①

必须有针对性地发展的观点在很多心理学家的著作中也已形成。例如，科斯丘克指出，经常发现有忽视儿童智力发展特点的现象，他这样写道："这是因为对考虑儿童发展的年龄和个性特点的意义认识不够，以及，因为有一种结论认为，发展问题好像不需要教育学家给予特别关注，也不需要专门的方法指导。"②

说了这么多之后已相当清楚，教学过程确实应该以学生发展任务为出发点进行设计，而不是以掌握知识和技巧为唯一目标。这种教学设计理念对克服中小学教学工作效率不高的缺点具有非常重要的意义。这个缺点在普通刊物和教育学刊物上曾多次被指出过。

例如，达尼洛夫强调指出，"学校教育还经常是简单地掌握'大纲内容'，这对学生的普遍发展的影响非常微弱。"③

在研究留级现象时，卡申指出，留级生往往表现出发展水平低④。

---

① 叶希波夫：《教学论原理》，莫斯科：教育出版社，1967年版，第7页。

② 科斯丘克：《儿童教育与发展的相互关系》，载《苏联教育》，1956年第12期，第64页。

③ 达尼洛夫：《苏联学校的教学过程》，莫斯科：教育书籍出版社，1960年版，第21页。

④ 卡申：《留级生问题》，载《人民教育》，1963年第8期。

在大量教学论的普通理论问题中，斯卡特金特别关注的是教学和发展的相互关系。他写道："在研究教学内容和方法问题中，教学和发展的相互关系问题具有很大的现实意义。"①

※ ※ ※

接下来要谈的是有助于在学生普遍发展上取得高效的小学教学实验系统。鉴于此，有必要指出，根据心理学中该问题的状况，目标实现的可能性有多大，并指出普遍发展的一些明显的特点。

在教学论和心理学著作（阿纳尼耶夫、维果茨基、达尼洛夫、科斯丘克等）中提到了这样几个术语："发展""普遍发展""智力发展""普遍智力发展"。我们暂时把其中第一个术语放置一旁；因为它的含义太多，只有根据上下文才能弄清楚其意思是整体发展，还是这方面或那方面的发展。

至于说到"智力发展"，有很多作者都主要或首先指的是思维过程、智力行为、行动和方法的发展。比如，鲍戈亚夫连斯基和缅钦斯卡娅这样写道："因此，智力发展的最大特点主要是，不仅积累知识储备，还有积累智慧的方式和方法，这些方式和方法得到很好的'操练'，牢固地得以巩固后，都可以归入智力

① 斯卡特金：《教学论问题研究的基本方向》，载《苏联教育》，1966年第8期。

能力。”[①]

维果茨基对智力发展有不同的理解。尽管在研究教学和智力发展的问题上，他的依据是对比研究科学概念的发展和日常概念的发展（在心理学上通常将这些问题归入思维范畴），他对智力发展的解释不仅很宽泛，而且是在完全不同的语境中。在分析该研究的结论时，维果茨基写道，学生全部智力发展的核心问题是意识性和自觉性发展的问题[②]。

“普遍发展”这个术语的含义包罗万象，应该包括身体发展和心理发展。揭示发展的各个方面之间复杂的相互关系这个任务本身，就是在解决人的发展的全面性问题的道路上最重要的任务之一[③]。遗憾的是，低年级学生的教学、身体发展和心理发展的相互关系问题没有进行过专门的实验教育学研究。就是说，必须将我们的研究限定为教学与儿童心理发展的相互关系。

因此，在本书中普遍发展的意思是心理活动的全面发展。在这个意义上，普遍发展和智力发展的区别是，普遍发展不仅包括认知过程，还包括意志和情感。正如大家所知道的，至今在心理科学中，意志和情感（或情绪），不同于感觉、理解、记忆、思维以及其他认知过程，是作为特殊的心理方面被单独列出。

---

① 鲍戈亚夫连斯基、缅钦斯卡娅：《学校掌握知识心理学》，莫斯科：俄罗斯联邦教育科学院出版社，1959 年版，第 166 页。

② 维果茨基：《思维与言语：心理学研究集》，莫斯科：俄罗斯联邦教育科学院出版社，1956 年版，第 318 页。

③ 阿纳尼耶夫曾在自己的一篇文章《作为教育对象的人》中指出过整体性观点的必要性，载《苏联教育》，1965 年第 1 期。

对教育学研究来说非常重要的是区分普遍发展和特别发展。因为在心理科学中缺少明显的理论上有道理的区分，所以必须使用间接手段。

我们参考了心理学研究中反映各个不同年龄段的知觉、记忆、思维以及其他心理过程的变化的研究成果①。尽管对这种变化的研究和教学条件不相关，但这些研究终究提供了对心理某些方面发展的认识。

对天赋和才能问题的研究为划分这两种发展类型提供了材料。我们指的是捷普洛夫关于音乐才能的心理学著作②，克鲁捷茨基关于数学才能方面的著作③。所提到的这些研究有助于弄清楚普遍发展和特别发展之间的区别。

一些涉及普遍天赋和特殊才能的著作为完成这个任务提供了出发点④。阿纳尼耶夫写道，“在天赋和特殊才能的背后，是普遍发展和特长发展相互关系的更基本的问题，这对儿童心理学和教育心理学也具有特别意义。”⑤

---

① 斯米尔诺夫：《记忆心理学问题》，莫斯科：教育出版社，1966年版；津琴科：《下意识识记》，莫斯科：俄罗斯联邦教育科学院出版社，1961年版；鲁宾斯坦：《普通心理学原理》，莫斯科：教育书籍出版社，1946年版。

② 捷普洛夫：《音乐才能心理学》，载《个性差异问题》，莫斯科：俄罗斯联邦教育科学院出版社，1961年版。

③ 克鲁捷茨基：《学生数学才能心理学分析》，载米亚西谢夫：《才能问题》，莫斯科：俄罗斯联邦教育科学院出版社，1962年版。

④ 米亚西谢夫：《苏联心理学中的才能问题及其最近任务》，载《才能问题》，莫斯科：俄罗斯联邦教育科学院出版社，1962年版。

⑤ 阿纳尼耶夫：《才能和天赋的相互关系》，载《才能问题》，莫斯科：俄罗斯联邦教育科学院出版社，1962年版，第18页。

当说到上述著作内容中的理论想象和事实时，可以说，个性品质，相当于是以普遍发展作为基础的行为方式，在任何材料中，在各种情境中都能被发觉。特长发展首先而且主要是表现在某个特定领域里（例如，某种艺术领域里，或者科学领域，科学的某个分支的领域）。

当然，普遍发展和特长发展不是塑造人的彼此孤立的两条轨道。相反，普遍发展是特长发展的坚实基础，并体现在特长发展中，而后者也能促进普遍发展。自然，仅仅靠普遍发展也很难成功实现这个或那个领域的活动。需要培养特定的心理活动品质（例如，在音乐领域里培养音乐的听觉、乐感等品质），掌握相应的知识和技巧。

在批评资本主义心理学形而上学的理论时，鲁宾斯坦指出，当片面分析研究某种特殊才能时，或当把普遍天赋当作几种特殊才能的简单机械相加时，就“失去了人的个体的现实统一性”①。

阿纳尼耶夫强调，忽视普通天赋以及将其偷换成特殊才能的总和都是站不住脚的。他写道：“如果状况确实如此，那么在学校的十年学习中根据教学大纲的各科目种类每个学生得拥有近百种特殊才能。”②

因此，在和教学的有机联系中研究学生的普遍发展具有方法

① 鲁宾斯坦：《普通心理学原理》，莫斯科：教育书籍出版社，1946年版，第645页。

② 阿纳尼耶夫：《才能和天赋的相互关系》，载《才能问题》，莫斯科：俄罗斯联邦教育科学院出版社，1962年版，第19页。

论和实践依据。

应该强调指出，属于儿童发展内容的，当然还有包含在包罗万象意义上的“发展”概念中的内容：由简单到复杂的运动，由低到高的上升运动，由旧质到新质、高质，更新过程，新事物的产生，旧事物的消亡。

实验教学

小学教学实验系统是按阶段制定的，第一阶段研究在莫斯科第172号学校进行（该阶段研究是由高级研究员布德尼茨卡娅、兹博罗夫斯卡娅、兹韦列娃、波利娅科娃和托夫皮涅茨完成的。近几年实验室人员增加了，参与研究的还有高级研究员罗玛诺夫斯卡娅、茹拉夫列娃，以及初级研究员阿尔金斯卡娅、维尤恩科娃、德米特里耶娃、奥博佐娃、丘特科。研究的领导人是赞科夫）。

我们在这所学校有一个教育实验室（关于该实验室的简介参见赞科夫的名为《论教学论研究的对象和方法》一书）和一个实验班。给该班上课的是刚从师范学校毕业的女教师库兹涅佐娃。库兹涅佐娃没有教龄对实验来说显然是个优势。

在这个班，和这位老师，和那些孩子们一起工作持续了四年。孩子们从一年级升入二年级，从二年级升入三年级，从三年级升入四年级。在四年时间里，参与实验的研究员们和实验指导人员参与了实验班几乎所有的课和其他活动，观察这位老师的工作，孩子们的学习过程，他们的言行。

尽管实验班教学教育工作从一开始就采用和小学教学传统教学法不同的原则和形式，新系统在整体上和细节上却都是在这个班的实践工作过程中建立的。在一天的教学工作完成后和教师库兹涅佐娃一起分析过去几天的教学教育整个过程，并做好接下来一段时间的行动计划，每周这样的交流有 2～3次。同时，我们还要找出，什么地方有疏漏和错失，如何克服。我们拿来小学普通教学大纲、课本、教师教学法指导、教学计划的每个具体步骤，对其进行了研究，从我们的角度出发进行批评性分析：它们中包含哪些合理成分，对儿童取得高效发展还有哪些不足。这些交谈的主要内容是寻找对学生发展更有效的教学新方法。

同时由实验室研究人员和指导者在课堂上和其他活动中进行观察。每堂课的过程以笔录或借助录音设备记录下来。用实验心理学方法对发展状况进行跟踪调查，还研究知识和技巧的掌握状况。分析所有这些真实材料对制定小学教学实验系统起到了巨大的作用。因为，我们在另一所学校的一个对照普通班进行着类似的观察和调查研究，给这个班上课的是一位有水平的资深女教师，她用传统的方法进行教学，我们由此获得了真实的材料，并能将小学教学新方法和传统方法所产生的效果进行对比。

因此，在四年时间里制定了小学教学实验系统教学法原则，并以此为基础编制大纲，给教师编写教学法指南，还有给学生用的学习材料（俄语、数学、劳动课作业和练习，自然、地理等科目的阅读材料等等）。同时还获得了各方面的真实材料，能够用于评定相对于普通班，实验班学生的普遍发展进程，以及知识和技巧的掌握。

第二个阶段实验系统研究工作在更大规模上展开。该系统1962～1963学年在加里宁和图拉的30个低年级班实行，1963～1964学年在俄罗斯苏维埃联邦社会主义共和国25个行政区和州以及一些加盟共和国的不同学校的100多个班级实行。

每年实验班的数量都在增加，1966～1967学年在俄罗斯联邦的52个行政区和州，在8个加盟共和国都有我们的实验班。

因为教师参与实验室工作是在自愿基础上的，试验工作能在大范围的开展说明教师对实验教学有浓厚的兴趣和渴望，也说明他们对传统教学法的不满。同时，广泛的实验工作在相当大的程度上有助于研究工作的完成。要知道，教学教育过程是在各种不同条件下进行的，并且差别往往很大。还有，教师的水平、技巧、经验、工作风格都不一样。一个班学生整体的特点对教学过程也会产生非常大的影响。还存在许多其他影响孩子们学习的学校和家庭条件。因此，为了揭示设计教学和学生发展进程的客观联系的特点，研究在各种条件下实现教学法系统的有效性非常重要。

大量教师参与实验对小学教学体系进一步具体化起到很大作用。其中也体现出科学实验和教师的创新经验有机结合的力量。在自己每日的工作实践中实行实验系统的教师们不断检验，同时也在不断丰富这个系统，贡献出自己原创的方法，对大纲和教学法的改进提出建议。

各教师进修学院也对这项工作起到了巨大作用。因为熟悉当地条件，学院的工作人员在广泛的实践中推行实验系统。他们观察教学教育进程，观察学生发展；他们组织测验，对测验进行分析。他们也因此掌握了能有助于提高所取得的成绩、纠正错误、克服缺点的客观材料。同时积累整体研究所必需的关于学生发展和掌握知识的真实材料。

实验系统广泛的实验工作，为实验室编写符合体系原则和实验大纲的课本起到了帮助的作用。现在进入到制定小学教学实验系统的这个阶段。编写并出版了一年级和二年级实验课本。1965～1966学年使用这些课本学习的有 30000 名一年级学生，而在 1966～1967年是相同数量的二年级学生，还出版了三年级课本，用该课本进行实验工作是在 1967～1968 学年。

试验工作大范围地展开，吸引数百名教师参与其中，编写教科书和教学法教程，这些方面能够实行得益于上述各阶段有条不紊地进行。具有特别意义的是研究的第一阶段。尽管理论的先决条件、各项任务、研究方法、设计教学新方法的原则在第一个实验班开始工作之前就已确定，但这一个班的实验工作在整个接下来的研究过程中仍然是非常重要的一环。如果实验一下子在很多班级展开，那当然是错误的。具有决定意义的还有，在第一阶段，在这一个班的实践教学教育过程中，对每个教学工作日都先思考周详，之后进行深入分析。同时，在四年时间里（从一年级到四年级）都仔细、全面地研究班级整体和每个学生个体的个性特点。

※ ※ ※

实验系统的核心思想是学生在普遍发展上能取得更好的效果。这个思想直接转变成各个不同科目的教学大纲、教科书、教学方法，之间没有过渡。实现这样的直接转变的尝试表面看起来会导致教学内容、教学方法、各课程方法设计等方面没有连贯性，前后不一致，零散。此类缺点好像是建立系统时无法克服的障碍。

在实验系统中保证系统各部分，各成分之间统一、协调是系统的教学论原则。现在我们来简要分析一下这些原则。

在难度和高度上，教学原则的特点是不超过难度的“中等标准”，而且是，首先要发现儿童的精神力量，为他们打开空间，指明方向。此时，问题不在于简单要求学生“智力集中”，像在教学论中说到的那样，难度要逐渐提高①。在该原则中提到的难度不是别的难度，而是要认识所学的现象的本质、各个现象之间的联系和依赖关系，让学生真正了解并掌握文学和艺术的价值。这个原则的特点是从学生作为教学活动的客体的角度来说的。

同时，该原则集中表现了学生在掌握学习内容时心理活动过程的特点。这里发生的不仅是对已知知识的补充，也是它们的融

---

① 达尼洛夫、叶希波夫：《教学论》，莫斯科：俄罗斯联邦教育科学院出版社，1957 年版，第 203～204 页。

合。最重要的是，掌握一定的知识同时会变成学生的财富，保留在他身上，这个财富就其本身来说也是阶梯，这个阶梯在进一步认知过程中会消失，以保证到达更高的阶梯。

为了解释得更清楚，我们来看看学习俄语的一些步骤。在三年级的教学大纲中我们列入了一个主题："名词（形容词）各格的意义、几个基本意义"。这对三年级学生来说，难度很高，但这项语法的学习可促使学生的思维获得长足的发展。

在学生开始学习该课题前，他们已经学过名词第一、第二、第三变格法。了解同一个格中属于不同变格类型的名词词尾的作用，这个过程好比一所训练区分语言材料这种思维过程的好学校。儿童是在判断属于什么类型变格法的基础上进行区分词尾的。

现在孩子们的思维需要转向另一方面：他们应该不要注意区分变格类型的特点，此时要思考每一个格的意义，格的概括形式。例如，不带前置词的五格，取决于动词，该格的基本的最典型的意义是表示工具和方式，行为的发生要借助五格的名词。(строгать рубанком——用刨子刨、рисовать карандашом——用铅笔画、писать чернилами——用墨水写等)。这里的概括和以前形成的概括有所冲突：如果以前，语法现象在思维上的联系是根据属于特定的变格类型的属性，那么，现在是把各个语法现象联系在一起形成共同点，和变格类型没有关系。

此处问题并不在于形成"格的意义"这个概念。非常重要的是，以前学生思维中的多种收获在这个概念中得到了体现，这是思维从低级形式向高级形式的过渡，但这种过渡不是顺畅的、平稳的过程，而是复杂的、矛盾的过程。

进行高难度水平上的教学时，要注意把握难度程度。

难度程度不是绝对的，而是相对的。不仅在高难度的教学中，就是在低难度的教学中也会有难度程度问题的存在。但在这两种情况中，程度会有区别，因为程度是由困难水平决定的。因此，限定掌握知识和技巧的要求会起到不一样的作用。

我们理解的难度程度绝不是降低难度，而是作为适当运用高难度原则不可缺少的组成部分。这条原则的有效性的条件恰恰是，使用该原则时，所授的教学内容应该是学生能够理解的。如果不注意难度程度，学生因为对所给材料处于无法弄清的状态，就完全会走上一条死记硬背的道路。这时高难度就从正面因素转化为负面因素。

难度程度在教学大纲、教材、教学方法和手段中都能得到具体体现[①]。教师随时关注学生掌握知识和技巧的进步情况，这也是实现难度要求的必要条件。对学习结果进行定期测验。在测验中，最重要的是不以分数为手段对知识和技巧的掌握情况进行总评，而是对该班每个学生的学习特点和学习品质尽可能更精确地细化定性。

学生掌握知识和技巧的过程的信息是辅助材料，对判断难度程度是否适合于整个班级，还是也适合部分掌握学习内容相对有

① 实验室相关成果名称参见本书参考文献——作者语。

独特个性的学生，都是必需的。

和高难度教学原则有机联系的还有一个原则，就是在学习大纲内容时要节奏快。意思是不断地给学生输入越来越新的知识，不要原地踏步，不要单调地复习所学内容。不要把这条原则和教学工作中的赶进度混为一谈。我们的方法绝对不是要追赶学生完成知识数量上的“记录”。完全不是要孩子们在一节课中解尽可能多的例题，做尽可能多的习题等等。节奏快的意思根本不是在课堂上匆匆忙忙，是要教师和学生都要心态平和、不急不慢。教师不应该吝啬认真听完学生发言的时间，因为学生希望和别人分享所见所闻、所察所思，希望所有的疑难困惑都能得到解答。也不要吝啬和孩子们倾心交流的时间。这种工作风格，正如各实验室教师经验表明的那样，会结出自己的硕果。

这条原则要求不断地向前进。通过用各方面内容不断充实学生的大脑来创造有利条件，使他们能越来越深地思考所学知识，因为这些知识处于十分开放的系统中。

至于说到在同一班级中有所谓的优等生和落后于别人，学习跟不上节奏的后进学生，那么在实验教学中已确定能解决这项教学任务。最重要的一项要求是对所有学生，包括最弱的学生在内，进行强化的系统的发展工作。实验教学多年积累的经验表明，教师们成功地实现了这项要求，取得了良好的效果。因为后进生在自己的发展上所走的路非常有意义，在他们身上会出现掌握学习内容的更大可能性。这极其重要，因为弱的、落后的学生更需要坚持不懈地、有针对性地发展。

当然，学生之间的差异现在有，将来也会有，不仅是在发展上，也表现在掌握知识上，在我们众多实验班里也存在类似的差异，尽管从性质上来说，这些差异，自然，不同于普通班。在教学实验中，使全班学生一起快速前进的行为方式是采用细化的方法。这个方法早在我们实验的最初阶段就开始采用了。细化方法有很多角度，但是，最主要的本质是，大纲中的相同问题，不同的学生学习的深度也不同。因此全班，也包括最弱的学生，都能快速前进。

新系统的下一条教学论原则是，小学教学中理论知识的主导作用。这条原则是要求教学的认知方面被提升到第一位，既作为学生发展的强有力的方式，也作为真正掌握技能技巧的可靠基础。

害怕理论知识广泛开展的依据，是以低年级学生思维具象性的心理学数据为借口的。但是，低年级学生思维具象性的论断是不正确的，引用心理学家的话也不能成为理由，因为现代心理学家并未对此提出理论依据。

严格地说，具象的（心理学意义上）是具有直观形象的表象。表象包含一些概括的成分。但是在真正展开的形式中概括表现在概念中。这里它和一定客体的抽象化、概念化有着不可分割的联系。

一些心理学家（科斯丘克、库德利亚夫采娃、纳塔泽、普拉伊斯曼、鲁布佐娃、恰马特等人）的研究表明，低年级学生能用语言形式进行抽象、概括，在形成新概念中、概括认知不熟悉的客体中、认清文学作品中人物的道德品质中都可以观察到他们能进行抽象、概括。就这一点不能完全否定直观形象在低年级学生思维中具有相当大的作用。但是无法承认直观形象认识是低年级学生思维的主要成分。抽象、概括方面的进步正是低年级年龄段思维发生变化的特点。

低年级学生思维发展的形式是口头总结概括能力的逐渐增强的观点已经过时了。维果茨基以学龄段概念形成的研究为基础反驳道，形成概念可以有很多种方法，其中包括从抽象到具体[①]。这一观点在后来的研究中得到证实。

综上所述可以得出，心理科学为确定小学教学中理论知识的主导作用这一原则提供理论依据。

现在谈一谈该原理的其他方面。其中最主要的一个方面是儿童对术语的掌握。不能把掌握术语当成简单的背单词来研究。掌握科学术语是正确概括并进而形成概念的重要条件。

心理学的各项研究（鲍戈亚夫连斯基、瑞科夫、尼科连科等人）表明，对低年级学生来说，从一个单词的含义进行抽象，并从形式语法角度研究它是很困难的。但是，如果适当地安排教学，这些困难能够被成功地克服，与此同时，也就能在学生发展上取得巨大的胜利。

“名词”“单数”和“复数”这几个术语我们在一年级时就引入了，而对其他术语的使用我们也进行了铺垫，以使学生在含义

① 维果茨基：《思维与言语：心理学研究集》，莫斯科：俄罗斯联邦教育科学院出版社，1956 年版。

上，特别是语法方面思考一个词。

术语的掌握是在和观察的不断相互作用下进行的，不论是语法现象，数的相互关系，还是运算都是如此。例如，提到的这几个术语都具有行为意义，这是因为学生对各种语言材料进行观察时，要完成比较名词单、复数的练习，区别名词在句子中发生变化时的词尾。运用术语开阔了学生在思考俄语、数学及其他学科的学习材料时的视野。

实验系统中的理论知识绝不限于术语和定义，占有重要地位的有掌握依赖关系、定律（例如，加法，还有乘法的交换律——数学课程中；植物和动物生命中季节变化规律——自然科学及其他）。

我们将多方面的理论知识融入到各个学科中：不仅在俄语、数学和自然科学中，还有地理、劳动、绘画和音乐课中。

确定理论知识主导作用的原则，无论如何都不能降低能力、技能及其在低年级学生身上形成的意义。这一点我们之前就特别强调过："当然，发展学生拼写、计算以及其他技巧的重大作用也决不能被否定。"① 实验教学中技能受到重视，这在我们的大纲、教学法指导、教学材料、教科书中都得到了证明。至于说到技巧形成的方法，那么确实是多种多样的。在实验教学中技巧形成是建立在完全的普遍发展的基础上的，也是以尽可能更为深入地思考相关概念、关系、依赖关系为基础。

---

① 赞科夫：《论小学教学》，莫斯科：俄罗斯联邦教育科学院出版社，1963 年版，第 26 页。

实验系统的下一条原则是学生意识到学习过程。定义和实践这条原则，我们自然是以教学论中普遍接受的自觉性原则为出发点的。

伊万诺夫认为学生在教学中的自觉性具有以下几个特点：1. 明白教学的目的和任务；2. 有意识地掌握事实材料；3. 积极形成概念；4. 自觉地掌握技巧；5. 自觉地巩固知识、技能和技巧；6. 自觉将知识、技能和技巧运用到实践中；7. 清楚自己的学习结果①。

斯卡特金认为，自觉性的特点在于下列几点：学生对学习劳动有自觉的态度；自觉学习、理解所学内容；自觉将知识运用于实践②。

洛尔德基帕尼泽强调，自觉性的含义首先是学生在完全理解的情况下掌握知识和技能③。

卡赞斯基强调，应该说的是共产主义的自觉性，形成辩证唯物主义世界观。对自觉性来说，该作者特别关注在教学中必需的智力行为：会分析、对比、概括、总结④。

在教学论概论著作中对自觉性原则是这样阐释的："1. 学生自觉积极地对待学习；2. 理解所学内容，并能用言语表达出来；

---

① 伊万诺夫：《教学中的自觉性》，载《苏联教育》，1947 年第 10 期。

② 斯卡特金：《苏联学校的教学原则》，载《苏联教育》，1950 年第 1 期。

③ 洛尔德基帕尼泽：《教学的原则、组织和方法》，莫斯科：教育书籍出版社，1957 年版。

④ 卡赞斯基：《苏联教学论原理、教学过程》，列宁格勒，1947 年版。

3. 学生在教学劳动中的创造性；4. 自觉将知识运用到实践中。”[①]

下面给自觉性原则下定义的是加涅林：“我们将自觉性理解为教学论原则，在其帮助下可以保证自觉了解事实、定义、规律，深入思考结论。概括，同时会用言语正确表述自己的思想，将知识转化为见解，能独立在实践中运用知识。”[②] 加涅林特别注意思想行为，这些行为包含在“掌握知识的意义过程总示意图中”（会分解概念特征；会区分出最本质的特征并加以概括；比较；分析和综合等等）。

对比上述几种自觉性原则的解释，应该能发现几个共同的特点。都承认在学习活动过程中的所有环节中自觉性是必需的，都强调了对学习内容的理解和将知识运用于实践的能力，都指出了思维行为是自觉掌握知识过程的组成部分。非常重要的是，关注到学生对学习劳动的态度。因此，对自觉性原则的理解并不限于智力。遗憾的是，这方面仍然还不是很清楚。

所提到的自觉性原则的这几个特征对正确组织教学很重要。同时，正如我们的研究表明，保证学生意识到学习过程是学生发展的重要条件，也相应地是实验系统中的原则之一。

用低年级数学教学中的一个情境就可以解释清楚这一原则。

---

① 达尼洛夫、叶希波夫：《教学论》，莫斯科：俄罗斯联邦教育科学院出版社，1957 年版，第 188 页。

② 加涅林：《教学的自觉性原则》，莫斯科：俄罗斯联邦教育科学院出版社，1961 年版，第 7 页。

例如，当学习乘法表的时候，如果根据传统教学法，那么，会应用多种方法来牢固掌握乘法表。在使用这些方法时，就像这些方法论作者所说的“缩短了学习这一环节的时间，排除了很多困难”。

我们设计的教学过程是让学生透彻理解材料按一定顺序排列的道理，不必死记硬背其中特定的因素，弄清楚学习时产生错误的原因等等。这样，比如说，他就不会在背乘以数字 3 这一列时觉得出乎意料，这列是以 3×3＝9 开始的，而是会产生一个问题：“为什么乘以 3 这列中比乘以 2 的列中少了一行?”，因为对比了各个列表，学生能找到答案：“在乘以 2 的这列表中有 2×2 这一行。而在乘以 3 的这列中没有 3×2 这一行，因为 3×2＝6，2×3＝6，而 2×3 在乘以 2 的表中。”①

该原则不仅在数学教学的各章节中可以实行，而且在其他学科也可以。例如，当孩子们在学习正字法规则时，因为规则的相似性（例如，词形变化规则或搭配同族词的规则），所以经常会产生混淆。在实验教学中要向孩子们解释清楚，在这些情况下要特别细心，因为规则彼此相似，容易弄混。因此，掌握知识和技巧的过程在某种程度上变成了意识的客体。

要学的知识之间是如何联系的，掌握正确书写或运算的各个方面是怎样的，错误的产生和预防的机制是什么，这些以及更多的掌握知识和技能的过程中的各种问题，都是学生要集中注意的

---

① 赞科夫：《一年级数学课本》，莫斯科：教育出版社，1965 年版。

对象。

在劳动课上该原则体现在制订制作东西的计划时，学生能意识到顺序和所需步骤之间的联系，各步骤和所给物体的关系，还需要在制作过程中小心控制自己的动作。

现在我们再来谈一个在小学教学实验系统中占有特别地位的另一原则。这个原则要求教师开展有针对性的系统的工作来发展班上所有学生，包括学习最差的学生。

该原则之所以有着特别重要的作用，是因为，正是学习弱的学生被排山倒海的俄语、算术训练习题压倒。根据传统教学法，这被认为是克服成绩不好的学生的落后状态必须采取的措施。同时，成绩不好的学生显然比其他学生需要进行更多而不是少些的系统发展。我们的经验表明，这项工作会导致学习差的学生的发展有大大好转，而因此会带来掌握知识和技巧上的高效。相反，超负荷的不好的训练习题不仅不能促进孩子们的发展，而且会加大他们的落后程度。

该原则有方法论依据。苏维埃国家特有的真正的社会主义人文主义的崇高理想要求尽可能给予最多，不论是在教育上，还是在发展上，对所有人一视同仁，而不是只给予优选出来的那部分人。这个要求也适用于苏联学校。因而，应该考虑，通过适当的教学教育工作安排让所有学生，包括学习最差的学生都能够取得更高的发展。

实验系统各原则可以体现在改变小学教育内容，教育教学方法，各学科教学的方法设计中①。实验系统覆盖了整个小学教学，而不是某些个别学科或部分教学。系统的基础不是各种不同的孤立的观点，而是相互有机联系的原则。

※ ※ ※

就小学教学实验系统原则，埃利科宁说出了自己的猜想和判断。例如，该作者这样写道："难度要求可以属于教学过程的各个不同方面……"埃利科宁假定对进行练习提出这个要求，他继续写道："如果这样理解高难度的要求，那么它就只针对练习……可能，难度的意思是指要掌握的材料的复杂程度？对于这样理解这个要求也是有道理的。"②

埃利科宁将自己的猜想也推至其他实验系统原则，然后对这些猜想进行讨论。如果埃利科宁是关于教育发展实验室的研究成果的内容说出自己看法，这当然会更为合适、更有针对性，因为实验室的研究成果的内容中实验系统的原则得到了论证，也具体化了。我们指的是，在实验系统和传统小学教学方法条件下，对比研究了学生发展和掌握知识，教育教学实验室所编小学教学大纲、教科书、教师用教学法教程等。

埃利科宁的假设以及他对假设的回答有一定的目的，就是这

① 实验室相关成果名称参见本书参考文献——作者语。

② 埃利科宁：《小学生的智力能力和教学内容》，载《掌握知识的年龄可能性》，莫斯科：教育出版社，1966 年版，第 44 页。

些假设加强了埃利科宁的一个论题：解决掌握知识内容的问题。“为解决其他问题，尤其是为强化智力发展，形成学习的认知动力的问题打下基础。”①

例如，关于上述第一条假设，埃利科宁这样写道：“因此，难度程度是思维可能性的程度，属于知识内容问题……”② 接着我们可以读到这样的内容：“材料难度以及学习它的节奏，如果对发展有意义的话，那么也不是直接的，而仅仅是以所学内容为中介和发展间接产生联系。因此，赞科夫实际上是要得出，正是所学内容决定智力发展。”③

在提出教学内容在学生智力发展中起决定性的作用这个观点时，埃利科宁试图以维果茨基的成果为依据。

埃利科宁写道：“维果茨基的观点的独到之处在于，他提出的不是教学具有发展性作用这个一般性原则，而是他把所学知识内容看成是这个作用的源泉，这个源泉是在学习掌握科学知识中，而不是在掌握需要特别教学才能形成的经验或概念中。”④

但实际上，维果茨基从未提出过教学发展性作用的源泉是所学的知识内容。埃利科宁利用什么方式来这样曲解维果茨基的思

---

① 埃利科宁：《小学生的智力能力和教学内容》，载《掌握知识的年龄可能性》，莫斯科：教育出版社，1966年版，第43页。

② 埃利科宁：《小学生的智力能力和教学内容》，载《掌握知识的年龄可能性》，莫斯科：教育出版社，1966年版，第44页。

③ 埃利科宁：《小学生的智力能力和教学内容》，载《掌握知识的年龄可能性》，莫斯科：教育出版社，1966年版，第45页。

④ 埃利科宁、达维多夫：《掌握知识的年龄可能性》，莫斯科：教育出版社，1966年版，第37页。

想呢？从上面所引用的原文中可以看出，他将学校的知识内容和掌握科学概念之间画了等号。这样的做法完全是不合理的。

当维果茨基写下“意识经过科学概念的大门口”这句话时，他指的只是这些概念的一个特定方面，而这指的正是学生在系统中掌握的那些概念。维果茨基有意将科学概念放在对立面，他写了下面这句话：“因此，概念的自发性和无意识性，与自发性和非系统性是同义词。”① 因此，不是掌握知识内容本身，而恰是：“和系统一起产生的概念对概念的关系”，被维果茨基认为是对形成意识性，也即对智力发展起决定性作用的方面。

当谈到比较研究日常（或自发的）概念和科学概念的主要缺点时，维果茨基写道：“儿童思维结构（如皮亚杰描述的），与日常概念的最本质（非系统性和非任意性）的主要特征之间的联系问题，这是其一，以及另一个问题，是来自概念生产系统的发展有意识性和任意性的问题，这是学生所有智力发展的核心问题，这两个问题都不仅是实验解决不了的，而且不是作为实验应该解决的任务提出来的。之所以出现这种状况，是因为，这两个问题要想得到完全解决则需要对它们进行特别研究。”②

维果茨基完全没有肯定地说，研究科学概念能解决教学和发展问题。他说过非自发的概念，而对科学概念也是作为其中的一

① 维果茨基：《思维与言语：心理学研究集》，莫斯科：俄罗斯联邦教育科学院出版社，1956年版，第312页。

② 维果茨基：《思维与言语：心理学研究集》，莫斯科：俄罗斯联邦教育科学院出版社，1956年版，第318页。

种进行研究的。下面引用的话可以清楚表明这一点："实质上，非自发概念——其中包括科学概念——的问题就是教学和发展的问题……。"[①] 维果茨基认为，他指出的教学和发展的关系是工作的假定，而不是问题的解决。

由上述维果茨基的表述可以看出，他的科研成果不能提供依据以说明，教育的内容在学生智力发展中起决定性的作用，实质上，起唯一积极的作用。

教学论专家们和心理学家们的观点仍然有力地证明，在学生的发展中，不仅教育内容，而且还有教学方法和学生的修养，都起到了独立的积极作用[②]。

实验教学条件下学生的发展

不能过于夸大教育教学设计对研究学生发展的决定作用。没有可靠的科学事实，就不可能在教学和发展问题研究中取得更大进展。尽管过去和现在的一些教学论著作中就所谓发展性的教学谈了很多，但是都缺乏事实材料说明，实际上学生发展在一定的教学体系下是如何进行的。

至于说到心理学著作，对学生的知觉、记忆、思维以及其他

① 维果茨基：《思维与语言：心理学研究集》，莫斯科：俄罗斯联邦教育科学院出版社，1956 年版，第 251 页。

② 达尼洛夫、叶希波夫：《教学论》，莫斯科：俄罗斯联邦教育科学院出版社，1957 年版；科斯丘克：《论儿童的教育和发展的相互关系》，载《苏联教育》，1956 年第 12 期。

心理过程的研究（津琴科、列昂季叶夫、鲁宾斯坦、斯米尔诺夫等）都和学校教学的开展没有关系。这些研究本身都是很有价值的，但都不包含能够揭示教学设计和学生发展过程之间的客观联系的内容。教学论和教育学学界的这种状况无法为学校儿童的发展工作提供科学依据。

考虑到上述的问题现状，我们给自己提出的任务是，以各方面的事实材料为基础，弄清楚在一定的教学体系下学生的心理活动发展实际上是如何进行的。我们十分清楚，了解学生发展的重要条件是深入细致地研究他们如何掌握知识和技巧，并且首先是研究这种学习活动的品质特点。

研究知识和技巧在我们的研究体系中占有重要地位。为了揭示教学和发展之间的真实联系，需要尽可能准确地确定，哪些知识被掌握，以及这些知识如何被学生掌握。要知道，学生的智力发展首先并主要是在掌握学校的知识技巧的过程中进行的。因此，只有研究学习过程，才能揭示教学促进学生发展的规律，除此之外，别无他法。

观察学生如何掌握知识和技巧非常重要，因为只有这样，才能弄清楚，到底是什么让学生学完学校课程。同时，一方面，我们可以发现掌握知识和技巧的相互关系，另一方面，可以发现学生心理发展过程。如果注意到上述我们作为出发点的方法论观点，那么，该任务的重要性是不可估量的；因为，我们坚信，发展和学习是有机联系的，但绝对不是和学习结果相一致。如果掌握了其中反映掌握知识情况和学生发展情况的事实材料，就可以了解两者之间的差异，同时，还有两者之间的联系。

从上述观点可以清楚地看出，有必要直接研究学生在一定教学条件下的发展过程。正是这类实例首先并主要反映学生心理活动发展的真实过程。

在完成这项任务的过程中，不能忽视儿童的整体个性。学生的整体特点及其发展的材料是对学生在课堂上，学校生活的其他时候以及在家中的时候所进行的观察。

就其整体意义来说，这样的事实材料还是不够的。尽可能更准确地反映心理活动某种形式发展的实验事实也具有不小的意义。在这方面我们所进行的研究有：观察活动、思维和实际操作。

对上述某些方向的研究能够更精确地了解设计的教学过程的结果，并同时对学生发展进行细致的性质分析。

我们认为有必要研究观察力发展，因为在这项活动中知觉是主要的和确定的。

在知觉过程中实现思维分析和对客体及其部分进行综合。分析和综合的特点及其相互关系会因所感知的对象特点不同，受试前所给任务的不同，以及其他条件的不同而有所差别。这一点在很多研究感知复杂程度不同、结构不同的客体的著作（阿尔捷莫夫、博罗杜利娜、加尔基娜、莉普基娜、娅科夫列娃等）中都有指明。在我们的总体研究中观察力的研究是安排在第一位的，主要分析被感知的客体。随后对获取的事实进行仔细研究。

在学生实验中对观察的方面不作限制（例如，区分形状、颜色、大小等）。我们对研究结果进行了统计，研究中涉及被儿童观察到的颜色、形状及其他性质（沙巴林等）。但是，为了尽可能完整、精确地弄清楚在一定的教学条件下观察力是怎样发生变化的，学生在完成交给他们的总任务前就应该有自由的空间，可以仔细观察客体，描述客体的外观是什么样子。

我们清楚了解到，不同的学生观察活动的过程是不一样的。在比内和斯腾早期非常有名的著作中曾指出过在儿童身上发现的感知和观察过程类型上的差别。

这些差别不仅表现在知觉和观察类型方面，还涉及完成相应任务的水平。在研究把几组物体作为一个整体进行感知的能力时，基里延科发现，如果展示被感知客体的时间短暂，个性差异就非常大。

在我们研究的这个阶段，我们没有将注意的焦点放在这种或那种的差别上，因为后面会将它们作为特别分析对象。我们首先来研究和教学设计有关的那些共同的变化，因为，发现全班整体上的变化是弄清楚某些学生群体观察特点的基础。

我们之所以研究观察力，是因为这是一项复杂的活动（阿纳尼耶夫）。在教学过程中也经常遇到这项活动。知觉是观察的构成要素，在这里和思维有着有机的联系。

观察的构成要素中还包括思维的独特形式。这些思维过程直接依靠感觉来认知现实世界，是对感觉经验的信息只进行初步的分析和综合（说出颜色、形状及其他性质；确定被直接感知物体的各个部分及性质上的区别和相似性，等等）。考虑到这种情况，我们把抽象思维研究作为研究发展的第二路径，因为正是在抽象思维中可以最接近、最深入地认清客观活动现象的本质。

抽象思维有很多种。但是无论哪一种抽象思维，其特点都是主要不是在直接感知的特点中认识客体，而是深入客体的本质，深入到其内在的联系和关系中，通过抽象客体和过程的不同的具体的各方面来揭示客体内的各种联系和关系。

在研究学生的思维时，我们没有采用那些只让被试对语言材料进行操作的方法。为了达到我们的科研目的，更合适的思维实验研究方法是能最大限度地从外部控制思维过程的进展。当以实物作为被试开展思维活动的材料时才能够进行这样的控制。上述设想是我们选择萨哈罗夫研究法的一个依据，萨哈罗夫曾用该方法研究概念的形成。该方法也同样适合研究观察思维过程中基本要素的变化，抽象和概括就是这样的要素。

吸引我们注意力的主要是思维过程中之前以某种形式指出过，但在苏联心理科学中又特别强调的那些特点。我们指的是以特定的角度研究客体，最重要的是这个角度会根据设定的任务、客体的特点以及其他条件的变化而变化。

例如，将普通学校学生和辅助性学校学生的记忆进行对比研究，准确地说对比研究的是思维过程中起非常重要作用的所谓理性记忆，其研究者将过程中的上述特点认定为记忆的核心因素。实验研究表明了，随着被记忆的单词所在的整个结构的特点发生改变，该单词的意义是如何变化的，辅助记忆的手段又是如何改变的等过程的发生情况[1]。

后来，在研究教学和发展的问题中强调的是，学生思维发展变化的路线方向是从二者择其一（非此即彼）转变到关注同一个现象的不同方面[2]。

近几年，鲁宾斯坦根据他指导的由安齐费罗娃和克林奇克等人进行的研究特别清楚地指出了思维在这方面的心理学本质。

正是因为作为心理活动的特别形式的思维具有这个突出特点，我们对萨哈罗夫的方法作了一些改变。对于维果茨基和萨哈罗夫来说，这个方法适合于研究概念的形成，并且，首先适合于研究该过程中单词的作用。在我们的研究中使用改变后的萨哈罗夫的方法是为了弄清楚，学生如何从一定角度对所示物体进行观察的，如何在必要时改变观察角度。同时，对我们来说，非常重要的是揭示出，当同时考虑几个角度时是如何实现对象分组的，以及在分析多个对象过程中如何保持这种观察方法。

因此，在我们借助该方法进行思维活动研究中，有分析和综合，有抽象和概括，但都服从于从一定角度对所示物体的观察。

我们选取实际操作[3]来作为研究学生心理发展的第三条路线。我们将实际操作作为研究对象列入研究范围的理由是，在实

① 维果茨基、达纽舍夫斯基：《心理学研究》，第1辑，教育书籍出版社，1935年版。

② 赞科夫：《论教学过程中小学生的发展》，载《初等学校》，1958年第7期。

③ 这个名称被我们当作工作术语。我们自己并不认为，它是表达该现象的最好术语——作者语。

际操作中可以追踪到学生活动的独特形式——制作某种物质客体。不同于观察和思维，实际操作的特别的根本的成分是动手操作。

上述三条路线：感觉经验，认识现象本质，解决对周围事物施加物质影响的实际任务——都属于普遍发展的重要方面。

尽管选出了心理活动发展的三条路线作为研究对象，但是我们不仅注意到它们之间的区别，还有它们之间的联系和相互渗透。我们说过，观察的内容中有思维的成分，这使观察和第二条研究路线联系了起来。

为了研究抽象思维，我们选择了这种方法，借助这种方法可以跟踪调查思维活动在感知物质对象的性质时的进行过程。最终，知觉和思维作为重要要素成为实际操作的组成部分。

在这样构建学生心理活动发展研究时，我们不仅考虑到分析方法，还有综合方法。在按某些线索调查心理发展时，我们没有忽视儿童的整体个性。研究整体个性发展的有利条件就是研究其某些个别方面，即研究这些个别方面之间的相互渗透，这些个别方面的研究我们的研究中都有。

借助于实验心理学方法，通过普通观察我们对上述三条路线的心理活动发展进行研究。我们在个性实验中提出的任务和学生在课堂上要完成的任务区别程度都是不同的。例如，观察物体的任务和制作客体的任务比针对研究抽象思维的练习更接近平常的学校情形。但这三种任务在材料上和要完成操作的性质上都和学生的学习活动有本质区别。

根据我们的研究目的，在发展研究中占有重要地位的是对比研究，一方是实验班的学生，作为实验组，另一方是普通班的学生，作为对照组。对比是揭示教学和发展真实相互关系的一个重要方法。

※ ※ ※

在一、二年级采用学生普遍发展初等教学实验系统所取得的成效，已经在教育和发展研究室公开发表的著作中作了详细阐述，因此，此处我们只作简要介绍。

三条路线（观察力、思维、实际操作）均已说明，在开始学校教学时，学生的发展状况处于什么程度，而两年后发展又处于什么程度。事实证明，在两年的时间里实验班学生的发展比普通班学生进步明显。

所获取的实例回答了另一个重要问题：初等实验教学系统对学生心理活动的各形式的发展有没有起到作用？因为，一定的教学设计能给任何一条研究路线带来一定的结果（如思维发展），但在其他方面所带来的结果并不明显（如观察力发展）。非常重要的是，实验班学生在观察力、思维和实际操作这三条研究路线上都表现出快速发展。由此表现出实验教学系统多方面的效果及其在学生普遍发展中的作用。应该强调指出，这个系统所取得的发展高效是所有学生的，其中包括学习最好的学生和学习最差的学生。同时，也没有出现发展无差异现象，因为，发展不是像镂花模板那样一模一样①。

按照上述三条研究路线继续在那些一、二年级时被研究过的三、四年级学生中进行心理活动发展研究。这时我们研究的是观察力发展（托夫皮内茨进行的研究）。

观察客体的整体并分析其细节，不仅有提供给一、二年级学生的物体，还有更复杂的，像风景画以及“乱成一团”的物体绘画，画上一个图画叠加在另一个图画上。非常棒的是，在描述风景画时，突出风景细节的同时能考虑到空间关系，能突出特点和“动态”（“悬崖很陡峭，突出的部分尖尖的。岸边是分层的。部分石头和绿色的灌木丛倒映水中”“岸上有各种植物。草已经泛黄。突出的全是石头，上面长满了青苔”）。在普通班学生观察形式简单的衬托下，实验班学生观察的这些特点表现得非常突出。

早前我们在第二学年末对实验班学生所作的观察研究就发现了有重大意义的事实。很多学生在指出一只鸟身体某部分的颜色属性时，同时总结出了客体的颜色概括特性（“它的羽毛是杂色的”“这只鸟身上有三种颜色和一种色调：灰色、白色、黑色；色调是灰黑色”）。在二年级能这样概括特点的都是学习优秀的学生。因此，这只能说是在观察活动的发展中蕴含着某种倾向。

如果说第二学年在某些学生身上发现能概括客体性质特点的

---

① 赞科夫：《学生在教学过程中的发展（一、二年级）》，俄罗斯联邦教育科学院出版社，1963 年版；《掌握知识和小学生的发展》，教育出版社，1956 年版。

能力仅仅是这些孩子的个体特点，那么，即便如此，这对研究发展过程也是具有一定意义的，却不具有进一步揭示发展内部根源重大事实意义的作用。因此进一步的跟踪调研非常重要，在二年级实验班所发现的倾向是否会继续发展。

到第四学年，概括客体的性质特点成为实验班学生观察的重要特点，这一点也不仅仅是学习优秀的学生能做到。也就是说，我们所指出的观察特点确实是实验班学生发展的突出特点。

还有一个事实引人注意，就是，这些学生不仅概括客体性质特点的能力强，还能对客体进行细致的分析。如果接受心理学中一个普遍存在的观点，认为儿童观察一般要经历几个特定阶段，从区分某些要素到把它们联系起来并进行解释，那么，就会认为，转变到概括性质特点这个阶段的同时将会失去分析能力，至少是分析能力变弱。实际上，这种现象并没有发生。但分析现在已经完全是另一种性质：在分析过程中不仅要判断所发现的质的程度，还要判断所观察的特点的增强或是变弱，质的自身状况的变化，甚至质的矛盾性（例如，孩子们指出，随着画面前景的推远，岸的坡度逐渐增大；画中一部分水的颜色比另一部分的深，草在变黄；岸的突出部分都是石头，但长满了青苔）。

因此，实验班学生观察的多样性，不同于普通班学生，上升到了更高的高度。这不仅体现在上文中所说的观察的新特点上。充分展示了使用比较的方法，能更可信、更准确地判断客体这种或那种特点。

实验班学生能注意到所观察的客体的特点对图画中所画的其

他客体特点的依赖性（如，海的色调取决于天空的亮度），能广泛利用比较。突出的特点还有，在观察过程中能进行推理和得出结论。需要特别强调的是，推理和结论都是以对所给客体的具体性质进行观察为理论依据的。普通班学生极少试图进行推理和下结论，他们的推理和结论都来自于外部，例如，一些学生只能简单地想起鸟的一些信息，这些信息完全不是他们通过仔细观察所得到的。

一、二年级时由兹韦列娃进行的思维发展研究，三、四年级依然由她按同一方法（使用改变后的萨哈罗夫的方法）来继续进行研究。以下是她所作的总结。

给学生们展示几何体：圆柱体和多面体——三棱镜和六棱镜、平截头三棱椎体、平行六面体。在这些圆柱体和多面体中有高的，有矮的。这些几何体底边都不相同，都被漆成了单色，有红的、蓝的、白的、黄的、绿的。因此，可以区分出它们的颜色、形状、大小。区别很简单，因此也很容易发现。

根据实验人员的设定，这些几何体可以分成四组。每组几何体都有暂定的名称。例如，所有矮的多面体（有 8 个）被称为“比克”，高的多面体（有 7 个）叫“古尔”，矮的圆柱体（有 3 个）叫“采夫”，高的圆柱体（有 3 个）叫“拉格”。因此，将物体进行分组的依据是两个特征：形状和高度。

物体是随意打乱放在学生面前的，而名称则贴在物体底部，学生看不见。这项任务的重点是要学生猜出物体的分组依据。

学生得到的操作说明是这样：你的面前放着一些物体。它们每个都有自己的名称，并且会有几个物体有相同的名称。例如，这个物体（旁边的一个倒了的名叫“比克”的白色的矮的六棱柱）就是这样命名的。你要找出别的，你认为也可能叫“比克”的物体。先不要着急，仔细看清楚每个物体，然后想一想，哪些适合“比克”这个名称。(其他物体的名称暂时不公开。)

如果物体选择正确，就把它留在学生放的地方。如果选择错误，实验人员会揭晓名称，然后将物体放回原处。

在完成任务的过程中学生需要口头说明：为什么他认为，这个物体被称为“比克”，或者为什么这个物体不和“比克”是一类。如果学生全部完成这个任务，他则需要解释，为什么所有被挑出的物体都被称为“比克”。

然后翻开另一组的一个物体，它被暂时称为“古尔”（高的多面体），再然后是第三组，以此类推。如果一个学生正确分完四个组，他应该要回答的问题是，根据哪些特征将所有物体分成四个组。

完成任务的时间要求不超过 20 分钟。

我们将对能说明儿童是如何根据两个特征的共性成功挑选物体的总数据（按百分比）进行研究。

完成上述任务包含思维特点中的一些要素：抽象、概括，就达到我们的目的来说，从一定角度同时仔细观察一系列的客体，改变观察的角度，这些才是最主要的。因此，能解决或不能解决既定任务，还有解决的过程，这些都是思维发展情况的指标。

根据两个特征的共性，三年级实验班所有学生都完成了任务：20%的学生一次性完成任务，实验人员没有进行纠正；35%的有纠正，但没有出错；45%的有些错误。

三年级普通班完全是另一种情形。他们没有一个学生是不经过纠正而一次性完成的。这个班没有一个不犯错而完成任务的。只有40%的学生最终完成任务，但都有犯错。

四年级普通班没有一个学生是实验人员不纠正又不犯错就完成任务的。这个班有63%的学生完成任务，但是有的学生被实验人员纠正，有的学生有犯错，而剩下的37%的学生根本无法完成任务，即使在实验人员的指导下。

现在来对比一下实验班和对照班学习好的学生和学习差的学生完成该任务的情况（这些学生的分组是根据至少两年时间对他们的观察，还有学习成绩数据）。这种对比很重要，因为能够区分研究学生思维发展过程，同时也是了解实验系统教学法效果的补充方法，弄清楚如何有针对性地系统地发展班级所有学生，包括差生的原则。

我们从差生组开始分析。

实验班学生米佳在第一学年时完成任务的效果差：经过各种尝试以及实验人员的纠正他都没能猜出任务的关键。第二学年末，按同一方法观察，米佳明显吃力，但终于克服了一年级初对他来说难以克服的障碍：他正确地挑选了物体。此外，他还指出了挑选的依据，确实是只根据一个特征："因为都是矮的"（"棱角"特征没有列入依据，尽管米佳实际上也遵照了这个特征）。

普通班学生加莉娅在第一学年也没有完成挑选物体的任务。

在第二学年末加莉娅也没能正确挑出物体，尽管完成任务用时很长，也得到了实验人员的多次帮助。加莉娅仍然停留在一年半以前的水平上。

类似的区别在实验班和普通班的其他差生中也有发现：同样在采用实验系统教学条件下，那些被称为差生的学生在发展上有明显进步，而在传统教学方法条件下差生的情况没有发生实质性改变。这个结论不仅与我们所进行的思维研究有关，而且也与观察活动和实际操作有关。

现在另一个问题是：学习好的学生的情况又是如何呢？实验班属于这一组的学生在第一学年初就能完成挑选物体的任务。但是完成的过程比较曲折，在实验人员很多次的纠正下孩子们才走到正确解决任务的道路上。虽然正确地挑出了物体，这些学生却不能说明进行挑选的依据，或稍好的情况是说出其中的一个特征。到第二学期末有了明显进步：孩子们不仅完成了挑选任务，还给挑选找到了依据，指出了两个特征。表现特别突出的是雅罗斯拉夫，他根据一定原则一次就完成了挑选矮的有棱的物体。当要求挑选另一组物体（如，高的圆柱）时，雅罗斯拉夫一次都没要实验人员纠正就很快转换思路找到了挑选依据。挑选每一组物体时，雅罗斯拉夫都能一下子用它们拥有的两个特征来说明理由，此外，还归纳了将问题分成四组的总原则（“根据大小和形状特点”）。和一年级刚开始学习时比，这个学生提升了两个级别，达到了完成该任务可能达到的最高级别。

现在来看看普通班的优秀生，他们在开始学校学习初期正确完成了挑选。阿辽沙在多次尝试以及实验人员的纠正后，为搭配所示样品（白色的矮的六棱柱）挑出了所有矮的有棱的物体，但是，对于挑选理由只指出了一个共同特征。到第二学期末完成任务的情况依然处于同样的基础阶段了。和阿辽沙情况相似，普通班的其他学习好的学生也没有上升到更高的一个级别。

因此，分组分析低年级学生思维发展情况表明，实验系统教学条件下差生和优秀生走的是一条对发展来说很重要的道路。至于说到普通班的学生，那么，优秀生和差生在两年的教学时间里进步很小。在观察力和实际操作方面（托夫皮内茨和布德尼茨卡娅的研究）也得到了相似的事实。

观察力和思维发展也采用了上述的对比研究方法，对比的是新西伯利亚市几所学校的实验班和普通班的学生。研究结果和托夫皮内茨和兹韦列娃所取得的相似。特别令人感兴趣的是，二年级实验班的学生在发展进步上不仅超过了三年级普通班学生，甚至还超过了三年级数学班的学生，数学班从教学第一年开始就按特别制定的教学大纲学习数学，内容比普通班难得多①。

还对比了实验班和对照班学生的记忆发展。这方面实验班学生也表现出明显的巨大优势（丘特科的研究）②。

由布德尼茨卡娅在二、三年级进行的实际操作比较研究到四年级由她继续进行。完成任务的要求被设计得比前几年高很多。孩子们应该按照所示样品制作和以前差不多的东西（用厚纸做盒

① 克罗托夫：《可喜的结果》，载《人民教育》，1966 年第 12 期。

② 见本书第 117～118 页。

子）。但东西的做法和以前不同，并且区别之处在于制作的某些步骤和过去相似，但所用操作动作却相反。

孩子们会回忆他们上一年是怎么做盒子的，但是这样同时会产生干扰。需要细致分析新样品，有意识地将过去的盒子及其制作方法和新的进行对比。

此项研究表明，在实际操作能力发展上，实验班学生比普通班同龄的孩子要超前很多。实验班学生不仅在多数情况下能克服产生的干扰，而且完成任务的过程质量很高，这两方面他们都表现出了快速进步。

因为要克服操作新方法和旧方法容易混淆的问题，各种自我控制方式在实验班学生中起到了更大的作用，这些自我控制方式使学生能够或者预见在制作顺序中可能的行动，或者找到在制作盒子的过程中完全适当的行动。普通班绝大多数学生的自我控制都处于很低的水平：自我控制只出现在东西制作完成的时候，这时学生才发现自己的操作结果与所示样品不符。

上述的几项研究都是通过单独实验进行的，任务由每个学生单独完成，参与其中的只有实验人员，除了这些研究之外，还进行了整班的实验。为了方便实验进行，一个班对半分开，每一半班都按次序完成同一项任务。任务是以书面形式完成的。

兹韦列娃用这种方法研究了对主从复合句关系的理解（思维和言语综合研究）。发给二年级学生的卷子上印有未完成的句子：“我兄弟受凉了，因为……”“体操比赛中我们没有取得第一名，尽管……”等等。学生应该续写完句子。实验班正确完成任务的有 88%（“因为”）和 62%（“尽管”），而普通班里相应的有 48%和 14%。在正确续写带关联词“尽管”的句子的数量上差距特别大。这个任务要比续写带关联词“因为”的句子难得多，普通班里正确解答的学生数是实验班学生的四分之一。

很多任务的完成都能判断发展的情况，且是以书面形式完成，这样的任务形式也被新西伯利亚市的克罗托夫所采用。这样的任务包括：用写在黑板上的词造句；回答描述性问题（为什么在地上拖动一块不大的木板很困难，而滚动一个大轮子却很容易?)；解逆运算习题；写作文等等。分析任务完成情况，实验班学生显示出巨大优势，相比于接受传统教学法标准教学的他们的同龄人，有时甚至超过高一个年级的学生（例如，比较二年级实验班和三年级普通班）。就不同的任务，正确解答的数量实验班学生也是普通班的 1.5～2 倍，而答错的数量却是普通班的 1/3 至 1/4。

我们通过考察孩子们搜集的资料，可以鉴定孩子们的道德和审美情感、意志品质，这方面也证明实验班学生相比较于普通班学生具有很多发展的优点。

在实验系统条件下研究学生神经动力过程的变化在我们的教育和发展问题教育学研究中也占据重要地位。除了具有解释学生发展过程的作用之外，这一研究还能回答实验教学是否会损害孩子们的健康问题。

先简要说明一下，通过特别实验测试以及系统观察孩子们在学校前两年的学习时间里在课堂上和其他活动中的表现我们获得的基本事实。所获得的事实情况表明，实验班学生在这段时间里神经动力取得了很大进展：神经过程的区分性和灵活性明显完善，过去大量产生的兴奋过程受到限制，有抑制扩散现象的儿童的抑制集中情况有所改善，等等①。

我们所获得的真实材料具有重要意义，因为这些材料在某种程度上说明了学生在发展上取得成绩的生理学依据，也说明了在初等教学实验系统下掌握知识和技巧上取得成绩的生理学依据。显然，不仅儿童大脑皮层上形成的暂时联系的强度，还有足够的灵活性都说明大脑分析综合活动达到了较高的水平。

在斯塔夫罗波尔市几所学校的四个一年级班开展神经过程状态研究的是扎伊采娃（斯塔夫罗波尔国立医学院）。其中两个班的教学教育工作是按照教育发展实验室的实验系统进行，而另两个班则按照传统体系。研究安排在 1966 年 2 月至 5 月这段时间的课前和课后，学期中和学期末进行。实验班的学生和普通班同龄的孩子相比，任何时候都表现出兴奋过程增强的倾向。普通班抑制过程占优势的孩子的百分比高于实验班。

一天的学习结束后，甚至一年的学习结束后，实验班学生的抑制现象表现得比普通班同龄的孩子少。在学年末的最后一段时间抑制过程占优势的孩子是四月份的 1.3 倍。

对所取得的真实数据所进行的这项生理学分析表明，实验教学对儿童的健康不会造成伤害。不但如此，而且相比于传统教

① 赞科夫：《学生在教学过程中的发展》，第五章，（本章作者——兹博罗夫斯卡娅），俄罗斯联邦教育科学院出版社，1963 年版。

学，根据实验系统进行的教学更有利于基本神经过程相互协调。在前面两年的时间里实验班学生在高级神经活动中有了进展，这说明，大脑分析综合活动达到了相当高的水平。

在我们进行研究的阶段，通过实验心理学、生理学测试，对1300名低年级学生进行了研究。在莫斯科、加里宁、图拉、新西伯利亚等几个城市的学校搜集了真实材料。除了实验研究，多年来通过几百个课堂和其他活动对学生进行了观察。在实验室对所有这些材料进行了分析，还有老师、学校领导、父母所给的评价都和实验方法获得的结果相一致。

根据实验系统进行教学取得成功的结果和过程在中央、地方刊物上的大量文章中都有论述，在电视节目、电影和其他媒体上都有评论和报道①。

以上论述分析的事实具有多方面的意义。因为我们的研究是教育学的，关于实验班和普通班学生发展过程的数据对证明学生普遍发展初等教学实验系统的高效非常重要。这些事实完全符合既定任务：在儿童的发展上取得比初等教学传统方法更大的效果。

同时，事实材料对认识学生发展内在和外在动因的相互关系也具有一定的意义。根据对一、二年级学生的观察进行分析研

---

① 此处我们列举几篇文章的题目为例：瓦西里耶娃：《初等教学需要彻底变革》，载《人民教育》，1963年第3期；杰米多娃、佩特罗娃：《发展学生的创造能力》，载《人民教育》，1963年第10期；库马林：《按新方法教学的地方》，载《人民教育》，1965年第10、11期。

究，我们先提出假设，智力进步起决定作用的好像是各种心理活动形式组合成的功能系统：一方面，指在直接感知客体特点中认识客体，另一方面，指从物体具体的多面性进行抽象为基础的概括①。

从方法的角度看，研究显示发展过程对教育研究来说是必要的。我们的出发点是承认在儿童心理发展中教学和教育起主导作用。这个基本观点符合我们所研究的作为教育学问题的教学和发展问题。教学和发展实验室在几百所学校进行教育学实验和开展广泛的试验工作。为学校编写大纲、教科书、方法教程。我们研究的主要问题是，什么样的教学设计能取得学生发展效果的最大化。

教育和教学是发展的外在动力，但这绝对不会削弱它们的决定性作用。但是，这完全不是说，儿童心理中不存在矛盾，矛盾的产生和解决就是心理发展的内在动力②。

埃利科宁曲解了发展和发展动因。为了试图了解发展的内在动因，分析事实材料有多种形式，埃利科宁以此为借口指出，这样的分析方向好像是在承认教学的次要作用③。

埃利科宁究竟提出什么来代替我们对认识发展内在动因的尝试？他对我们在低年级学生观察能力上所发现的那些变化做出了

① 赞科夫：《学生在教学过程中的发展（一、二年级）》，俄罗斯联邦教育科学院出版社，1963 年版。

② 赞科夫：《学生在教学过程中的发展（三、四年级）》，教育出版社，1967 年版。

③ 埃利科宁、达维多夫：《掌握知识的年龄可能性》，教育出版社，1966 年版，第 40～41 页。

自己的解释。“这只不过是早期形成的心理过程在形成思维的影响下发生改变的一个例子”——埃利科宁[①]这样写道。这种解释当然简单，但并没有对认识教学和发展问题之间的客观关系起到推动作用。

可见，问题不在于思维在其他心理过程中具有创造力。做出这样的解释，当然，不需要揭示学生心理活动中的矛盾。

埃利科宁试图做出的解释一点都不符合教育和发展实验室所获得的真实情况。事实材料表明，这里的问题根本不在于思维的“干扰”。实际上，分析观察的细致性为概括建立了基础。同时，确定所观察客体各部分和性质间的关系，在概括中意识到各部分及其性质有助于发现客体的一些特点，那些特点，如果每个都孤立看待的话，大概是不可能被区分出来的。

埃利科宁打算引用维果茨基的观点来加强自己关于教学和发展相互关系的一些论断。但是，这是不可能成功的，因为维果茨基绝对没有忽视儿童心理发展的内在过程。相反，维果茨基多次在不同的场合强调过，被教学激发的发展内在过程有着自己的逻辑，“我们可以这么说，”维果茨基写道，“教学过程，它有自己的内在结构，自己的逻辑关系，自己的发展逻辑；在每个进行学习的学生个体内部，在他们头脑中都好像有一张内在的看不见的各种过程交织的网，这些过程是在学校教学过程中被激活并发展的，但是有自己的发展逻辑。学校教学的一个主要心理学任务是

① 埃利科宁、达维多夫：《掌握知识的年龄可能性》，教育出版社，1966年版，第41页。

揭示这个内在逻辑，揭示被这样或那样的教学过程激活的发展过程的内部进展。”①

在另一处，维果茨基已经是直接涉及分析教育过程了，他写道：“学校教学方针本身能激发发展内在过程。注意观察发展中那些由于学校教学过程而产生的内在脉络的产生和命运，才是分析教育过程的直接任务。”②

忽视儿童发展内在规律会使问题的研究回到詹姆斯和桑代克的观点，他们的观点受到了维果茨基的批判，维果茨基用一句简洁的话作了说明：“儿童发展的程度等于他受教育的程度。”

在教育学和心理学各项研究中至今积累的大量事实材料，以及对这些材料的分析和所做的理论解释都确切证明了，在儿童，尤其学生的心理发展方面排除内在规律的影响作用的观点是错误的。

教学论的可行性原则

可行性原则可以表达成下列规则：由近至远，由已知到未知，由易到难（有时还要加入一条规则——“由简单到复杂”）。可行性原则及其相应的几条规则存在时间已经很久了。在苏联教

① 维果茨基：《思维与语言：心理学研究集》，俄罗斯联邦教育科学院出版社，1956 年版，第 272 页。

② 维果茨基：《学龄期的教学与智力发展问题：心理学研究集》，俄罗斯联邦教育科学院出版社，1956 年版，第 451 页。

学论中几十年来经常被提到①。对这几条规则和可行性的解释没有发生根本的变化，尽管不止一次反复提到它们，并且可行性问题曾是专门讨论的对象，参加讨论的都是教育专家和心理学专家②。

在可行性原则的几个定义中，以及对它的详细说明中都着重指出，要求教学要符合学生的年龄特点。这一点在教学论专著中提到该原则时也是这样说的。达尼洛夫和叶希波夫写道："可行性原则表示的意思是，教学内容和方法必须适合学生年龄特点，因为这样学生才能掌握知识、技能和技巧……"③

斯卡特金没有把可行性作为独立的教学论原则突出出来，而是将可行性作为更普遍的受制约的原则归入自觉性原则。斯卡特金写道："……要求学习内容可接受是保证掌握学习内容自觉性的条件之一：学生能够理解的只是他力所能及的，没有超出他智力水平的内容。"④

因此，自觉性是以可行性为条件的，而可行性则是以学生年龄特点为条件的。

---

① 叶希波夫、冈察洛夫：《教育学》，莫斯科：教育书籍出版社，1950年版；阿克尔曼：《苏联学校的教学原则和规则》，符拉基米尔书籍出版社，1955年版。

② 斯卡特金：《就学生的年龄特点看小学、初中和高中教学内容性质》，载《苏联教育》，1947年第4期。

③ 达尼洛夫、叶希波夫：《教学论》，莫斯科：俄罗斯联邦教育科学院出版社，1957年版，第203页。

④ 斯卡特金：《论苏联学校的教学原则》，载《苏联教育》，1950年第1期，第41页。

还有一种观点认为，要将科学性原则与可行性原则紧密结合起来进行研究。“科学性原则此时不是抽象的含义，而是内容具体的含义，而可行性原则成为学生智力、体力强度的尺度。”[①]但是，这个观点没有对可行性通常的解释做出根本改变。这里，根据这位作者的意思，在提到的几种原则的相互联系中研究这些原则有助于正确理解可学性原则。

指出学习内容对一定年龄的学生来说是可行的要具备一系列条件是对的。这些条件中包括预习和学生发展水平，促使学生有意识掌握材料的教学方法和直观性手段[②]。指出这些条件可以使教师在运用可行性原则时有一定弹性，但这并不能改变该原则的主要内容——教学必须符合学生年龄特点。

该如何理解符合这一要求？在教学论中有提到，“认真研究儿童，研究他们的经验、知识和普遍发展所达到的程度，这可以使教师选择符合实际的上课内容，这样的内容就会符合学生的成熟程度”[③]，这一点不能不同意。但是，我们指出的是上课内容的选择，在这方面教师可以依靠自己对学生的了解。

那么在编写学校大纲、制定教学方法以及解决其他教学论问题时该如何运用可行性原则呢？这里有一个办法：以所掌握的心

① 叶希波夫：《教学论原理》，莫斯科：教育出版社，1967 年版，第 210 页。

② 达尼洛夫、叶希波夫：《教学论》，莫斯科：俄罗斯联邦教育科学院出版社，1957 年版。

③ 达尼洛夫、叶希波夫：《教学论》，莫斯科：俄罗斯联邦教育科学院出版社，1957 年版，第 204～205 页。

理学和生理学中关于学生年龄特点的资料为依据。“在很大程度上，儿童心理学和教育心理学资料是解决关于特定年龄学生掌握这种或那种材料是否可行的重要问题的依据，也是解决关于这些或那些工作方法和手段是否适合儿童这类问题的依据”，我们在教学论概论著作中读到了这些内容①。

但是，在这部概论著作中以及其他教学论著作中一样，几乎完全没有引用明确说明学生年龄特点的心理学研究成果就弄清楚了可行性原则。而这类引用是必须的，因为哪怕是举几个例子，也应该指出，在运用可行性原则时是如何利用心理学资料的。

因为缺少详细解释和具体说明，造成各学科在方法设计上经常错误地运用可行性原则。这在初等教学设计中表现尤为突出。例如，引用小学生思维具体化也已经成了习惯。正是这个原因，大家反对用理论知识来充实低年级教学大纲，因为认为这好像与可行性原则相矛盾。罗日杰斯特文斯基反对将一系列语法概念列入低年级教学大纲，他写道：“语法概念很抽象，而心理学家们认为，儿童的思维是具象的，尽管能够进行某些抽象。”② 这位作者关于小学生思维具体化的论点是不正确的，而引用心理学家的观点并不能够成为理由。科斯丘克、库德利娅夫采娃、纳塔泽及其他人的心理学研究表明，低年级学生的思维特点首先是在抽

① 达尼洛夫、叶希波夫：《教学论》，莫斯科：俄罗斯联邦教育科学院出版社，1957 年版，第 38～39 页。

② 罗日杰斯特文斯基：《问题和怀疑》，载《初等学校》，1965 年第 2 期，第 72 页。

象和概括方面取得进步。

但是，不仅在初等教学还在教学论中也有观点提出低年级学生能力低。例如，在不久前出版的著作《教学论原理》中，对初等教学的教育学任务做出这样规定："初等教学应该首先保证使学生形成对周围生活的直观感觉的认知系统，初步进行概括，建立简单联系，并以此为基础发展一般认识。"①

因此，重要的是形成直观感觉认知，初步地概括和简单联系。

那种超出小学生通常能够理解范围的学习内容被认为是不可行的，但最后却导致初等教学传统方法明显落后于社会发展的要求。

在学校教育的这个阶段教育任务可以进行适当调整，这在官方文件中也有反映。例如，新大纲的总则中说："为了小学生能够正确适时的发展，必须使教学内容更充实，广泛使用概括，加快小学教学节奏。现在，一、二年级的很多活动在儿童智力活动的内容和形式上都比幼儿园大班类似活动的水平还低。这导致了学习时间的浪费，对低年级学生的智力发展的阻碍。"②

但是，问题不仅在于，可行性原则的表现形式极其普通又很抽象，还在于这导致在方法系统中和教学实践中的不良后果。还

---

① 叶希波夫：《教学论原理》，莫斯科：教育出版社，1967 年版，第 264 页。

② 《中、小学教学大纲和教学计划改编草案总说明》，莫斯科：教育出版社，1965 年版，第 59 页。

有一种情况引起更多关注，在可行性方法论原则中反映的只有教学与学生年龄特点之间关系的一个方面，即教学应该符合学生年龄特点。

当然，在设计教学中应该依据那些说明特定年龄的特点的科学资料。但是，假使把年龄特点当成某种从外部施加给教师的东西，当成对此应该只能去适应的标准，则是错误的。

当然，儿童发展的一般规律是存在的。但这些规律的具体表现会因教学设计不同而发生变化。教育和发展实验室进行的研究表明，在教学开始的头两年，实验班学生的观察力、思维、实际操作都发生了质的变化，向新的更高阶段过渡。用传统方法工作的普通班学生没有发生这样的变化。因此，一个 8 岁儿童的心理活动根据教学内容、方法、教学手段的不同而产生了不同的结果。

因此，可行性原则的缺点不在于，承认教学过程复杂情况会有一定界限，该界限是以学生年龄特点为条件的，而在于这个教学论原则的片面性。该原则需要有根据的批判性的修正，同时，应当给学生年龄特点对教学过程设计的依赖性以应有的地位。在这个条件下，可行性教学论原则不再作为教学设计中错误地限制学生进步的因素，而是成为学科教学法领域开展创造性工作的可靠基础，将激发教师有计划地积极地开展工作，促使学生发展。

第二章　教学的整体和部分

教学的体系性

整体和部分之间的相互关系，还有各部分之间的相互关系在人们实践活动的各个不同领域中都起着非常重要的作用。既然教学教育过程是一个最复杂的过程，其整体和部分的问题就具有特别的现实意义。

最新出版的著作《教学论原理》认为把教学过程作为整体过程研究具有科学意义和实践意义。同时指出，对这个问题的关注特别少："在教学论或部分教学法指导中可以见到对教学过程各个不同方面和要素的详细解释，详细分析某些教学手段。教学作为整体现象是如何发展的通常没有得到研究。”①

尽管在很多教学论著作中整体和部分的相互关系没有得到特别研究，但是对教学某些理论问题的探讨多多少少涉及这种相互关系问题。整体和部分的相互关系在教学论系统性原则中有特别的表述。

“教学系统性原则表示，必须以严格的逻辑顺序来教授各学科原理，循序渐进地指导学生的学习活动……”达尼洛夫和叶希波夫是这么写的。两位作者对“系统性”这个概念是这样解释的：“系统性表示课程内容的逻辑安排。完整的课程章节部分是这个系统的基本要素。”②

学科各部分的“逻辑顺序”，或“逻辑安排”被定义为学校所教授的科学的系统和逻辑。同时，众所周知，科学的系统不会直接照搬到学校学科课程中。根据学校教学进度特点，学生年龄特点，依据教学论原则来挑选编入学校大纲的材料。这时会产生一个顺序问题，即学校大纲中教科书各部分以什么顺序编排。

该问题的解决要从教学论的要求出发，并且，当然要特别注意，不要和相应学科的系统和逻辑产生矛盾。

但是大纲中学校教材各部分放置顺序只是大体上确定“教师

① 叶希波夫：《教学论原理》，莫斯科：教育出版社，1967年版，第205页。

② 达尼洛夫、叶希波夫：《教学论》，莫斯科：俄罗斯联邦教育科学院出版社，1957年版，第177～178页。

和学生活动过程的顺序”①。

尽管在教学论中没有直接说明这一点，但是，序列问题或“教师和学生活动过程的顺序”问题，这是教学工作的时间安排问题。何时过渡到下一章节的学习？这个过渡和上一章有什么关系？在上文提到的著作《教学论》中写道：“大纲的系统性只是学生在基本掌握旧材料后转入新材料的学习”②。

但是，“基本掌握”是什么意思？掌握通常理解为了解该学科所包含的事实、规律、理论。掌握的重要标志被认为是会运用所获得的知识。看来，“基本掌握”的意思是完全理解地、全面透彻地掌握所学内容。

从心理学角度看，可以根据某些研究判断，基本掌握就是，在学生意识中高水平地形成了相应的认知概念及其体系、联想，还有掌握了智力活动的某些手段③。

但我们来看一下学校的实际情况是怎样的。我们来举个例子，这个例子，《教学论》的两位作者曾以此为据试图说明这样一条规则：如果前一章的知识没有掌握好的话就不要进入下一章的学习。“如果学生对单词重音规则没掌握好，并且很难找到重读音节，如果他们不会找单词中的词根，那么他们就掌握不了词

---

① 达尼洛夫、叶希波夫：《教学论》，莫斯科：俄罗斯联邦教育科学院出版社，1957 年版，第 178 页。

② 达尼洛夫、叶希波夫：《教学论》，莫斯科：俄罗斯联邦教育科学院出版社，1957 年版，第 179 页。

③ 卡巴诺娃：《学生形成知识和技巧心理学》，莫斯科：俄罗斯联邦教育科学院出版社，1962 年版。

根中非重读元音的正确写法，并实际使用这些规则。”①

毫无疑问，重音的基本概念，在相对简单的情况下会找重音，这些都是了解拼写法规则的前提。但是，这个概念在形成过程中要经过很长时间和好几个阶段。

这一解释在关于思维的心理学资料中能得到确认。在维果茨基及其同仁的研究中揭示了概念在其发展中要经过的阶段。不仅在某些概念中，还有在概念体系中都能观察到质的改变②。

格穆尔曼③说出了几个重要看法，甚至说出了和该问题有关系的看法。他指出，在很多情况下，教学法建议采用术语替代词，以降低学生掌握术语的难度。在低年级俄语课上使用这样的术语非常普遍（用事物、特点、动作来代替名词、形容词、动词）。大部分时候术语替代词不能够自圆其说。

格穆尔曼非常公正地指出，术语应该不是在学习相应现象结束的时候，而是在学习过程中就告知学生，因为术语的作用是作为概括的手段。格穆尔曼还研究了有利于掌握术语的条件。一开始术语只有教师使用，而不要求儿童运用术语。通过广泛地在实践中练习，将具体现象和一般概念搭配起来，继续这样的练习，学生应该就能从一系列现象中辨认出，并区分出该术语所表示的

---

① 达尼洛夫、叶希波夫：《教学论》，莫斯科：俄罗斯联邦教育科学院出版社，1957 年版，第 178 页。

② 维果茨基：《心理学研究集》，莫斯科：俄罗斯联邦教育科学院出版社，1956 年版。

③ 格穆尔曼：《学生对科学术语的掌握》，载《苏联教育》，1950 年第 10 期。

现象。

然后，接下来做区分练习，这种练习是通过自己的逻辑心理结构，给所给的单个例子配上一般概念。术语就从消极词汇变成了积极词汇。

有必要强调的是，掌握术语的过程是分阶段的，学生经过这些阶段，这些阶段就会引导他取得良好的结果。

至于说到“重音”这个概念，那么，在实验教学中，根据教育和发展实验室系统，在识字阶段学生就了解了这个概念最简单的形式。

在识字课本中有这几个单词：нора，норы；оса，осы。我们不能避而不谈在单词 норы 中第一个音节的发音不同于单词 нора 中的第一个音节。使用这个例词是为了向学生说明，一个单词的发音和它的写法经常是不吻合的。孩子们观察到：在单词 норы 中第一个音节没有重音，而在第二个单词中重音在第一个音节。

然后到下一个知识点，学生学习“词根”“同根词”“重音”三个术语，并完成各种与词根中不带重音的元音问题有关的不同的练习。在教育和发展实验室实验课本①中，该问题的练习完全不同于传统教学法所采用的练习。

在科斯金所编的二年级课本中，绝大多数练习的要求是，在

① 波利娅科娃：《俄语（一年级课本）》，莫斯科：教育出版社，1965 年版。

点号所在的相应位置填上所缺的不带重音的元音，选出检查性的单词[①]，或者标出不带重音的元音。要求学生模仿写出几组同根词的练习在二年级的课本中根本没有。在三年级课本中，“词根、同根词”这一章34个习题中只有5个练习中分别有一道题要求给课文中的黑体单词搭配同根词。其他练习和二年级课本中的一样，练习都是要求圈出同根词，划出同族词中的词根，选出检查性单词，等等[②]。

波利娅科娃根据实验系统原则所编的课本中，分栏列出多组同根词，要求划出每组第一个单词的词根，不过，这样的练习很少。多数的练习是要求，比如，给形容词、动词搭配同根的名词等[③]。

在识字阶段，学生根据观察形成模糊未定形的概括。现在要在学生的意识里形成相应的概念，但又不局限于单个概念的形成：“词根”“同根词”这两个概念和词类的概念联系在一起，因此，就要上升到更高的阶段，逐渐获得灵活性、机动性的性质。

① “检查性单词”是一种帮助儿童正确书写的练习手段。俄语单词中有元音弱化现象，会出现不同的元音读相同或相似的音，给正确书写带来困难。于是，在填写单词中所缺元音时会要求在几个不同单词中挑出“检查性的单词”（即同根词）来证明所填元音是有根据的。——译者注。

② 扎克茹尔尼科娃、罗日杰斯特文斯基：《小学三年级俄语教科书》，莫斯科：教育出版社，1966年版。

③ 波利娅科娃：《俄语（一年级课本）》，莫斯科：教育出版社，1965年版。

这样还完全没有形成所指的概念，也没有掌握相应的技能。新的阶段会在学生学习单词构成的时候出现。在根据教育和发展实验室原则编写的俄语课本中，《词的构成》这一章里占有重要地位的练习是，要求用所给的单词构成同根名词，或构成带一定后缀的同根形容词、带指定前缀的同根动词等等①。

当学生了解了前缀、后缀，并开始在学校作业中运用更为复杂的词汇材料的时候，到了学习词的构成，即将进入下个形成“词根”这个概念的阶段。这时，“词根”这个概念正处于和“前缀”“后缀”“词尾”这几个概念的对比关系中。

掌握正确拼写的技巧的特点在变化。重音的作用现在表现得不太明显，比如在没有带前缀和后缀而变得复杂化的单词中：重音隐藏了起来，词根的划分和同根词辨别变得非常困难。

从所述观点来看，应该批判地看待传统教学法中所采用的将教材分解成完整的几章，教学论中研究教学系统性原则时曾提到过这几章。因此，科斯金所编二年级课本中在词根中不带重音的元音这一章是作为教材的一个独立单元。他认为，学生已经形成所需的概念，并掌握了相应技巧。但是，要知道，事实上并非如此。而认为这一章已经学过了只不过是幻觉，是自欺欺人，学校为此付出了惨痛的代价：因为，在词根中不带重音的元音上所犯的错误，这简直就是灾难，要想实质性改善一时还做不到。

---

① 波利娅科娃：《俄语(二年级课本)》，莫斯科：教育出版社，1966年版。

这样的系统性绝对不利于学生的发展。因为，为了发展到高级阶段，重要的是教学内容，要在尽可能广泛的、全面的关系中来理解，而不是在几段孤立的材料中来理解。完成这项要求对掌握知识和技巧较为重要。我们的实验为这些结论提供了一定的依据。这些结论尤其被实验班掌握知识和技巧的资料所证实①。例如，名词这个概念的掌握是在学生学习“名词”这个课题后进入后面的专题（“形容词”和“动词”），并在它们的联系中回到名词部分时完成的。由此看来，如果孤立地去学习语法的某些专题，是不可能“基本掌握”材料的。

研究教学系统性原则会导致产生一个最重要的教学论问题：学生的大脑中是如何形成知识体系的？为低年级编写教科书，像上文以俄语课本（和这些按教学论的特点编写的课本没什么不同的是为低年级编的算术教科书②）为例所表现的那样，课本编写和学生对形成知识体系的一定认识联系在一起。认识如下：学生将教材中这一章或那一章的内容以切块的形式一节一节地加以理解，换言之，学生不知不觉地就将一章的内容理解并记住了。对那些彼此孤立的章节内容则要进行复习。例如，在三年级学年开始时要复习那些在二年级学过的各章内容：“音与字母”“单词中的重音”“软音符号”“清辅音与浊辅音”③。因此，复习能使教

① 赞科夫：《掌握知识和小学生的发展》，莫斯科：教育出版社，1965年版。

② 普乔科、波利亚克：《算术》，莫斯科：教育出版社，1965年版。

③ 扎科茹尔尼科娃、罗日杰斯特文斯基：《三年级俄语教科书》，莫斯科：教育出版社，1966年版。

材中孤立的知识在学生头脑中得以巩固。

教育和发展实验室所获得的真实材料导致对学生形成知识体系的另一种理解。在和这一理解的有机联系中学习新材料和回顾学过的内容都进行得不一样，它们之间的相互关系也是另一个样子。

我们以低年级学习数学的几个环节为例对此加以说明。

一年级学生做加法和减法，编制相应表格。后来，学生们被告知，一个未知的数，用拉丁字母“x”来表示，并给出了相应要解答的算式。这样，一道题被记录为：$4+x=9$。要求孩子们求出未知数。要解这道题，必须从 9 中减去 4。此时，像其他类似的情况一样，孩子们使出各种计算方法，但这时并不是单调的重复。减法计算和新的知识背景交织在一起。做减法的同时，学生对减法和加法的关系认识不断加深。接下来换了一种题型，目的依然相同。学生被要求改变式子 $5+4=9$ 的形式，使式子中的数字不变，但不能有“加号”，却要有“减号”。这里依然是减法：$9-4=5$。不仅如此，因为练习要求要有两种不同的做法。就是说，孩子们一定要写出这个式子和另一种形式的式子：$9-5=4$。

很多练习给出的结论是，要从数量之间的相互依赖关系、算术运算关系着手。上述练习中尤其如此。完成这个练习不是要学生记录下两个算式。孩子们会想起加法和减法算式中各部分的名称：5 和 4 是加数，9 是和。当从 9 中减去 4 时，我们从两个加数的和中减去其中一个加数，得到另一个加数。减法是加法的逆运算。

应该建议孩子们按照上面的例子编出几个加法式子。式子编好后检查是否正确，教师要求学生根据上面的类型将写出的式子进行变形，就是，让数字不变，但不能有“加号”，而要有“减号”。教师从学生所编的式子中选出几个不同的，把它们写在黑板上。可能大概会是这样：3+2=5，5－2=3；6+1=7，7－1=6；4+5=9，9－5=4 等等（式子之间用逗号分隔开，写在同一行，而分号后面的则另起一行）。

孩子们对比每行所写的，甚至是对比各行所写的；此时就会发现一个新情况：减法是加法的逆运算这个规则适合任何数字。就是说，加法和减法的关系可以借用字母表示为：A+Б=B，B－Б=A。

因此，学生们是在复现以前学过的内容。但是，这不是机械地重复已知内容，而是通过编算式，通过观察算式之间的相互关系，从完成新练习中获得新知识。

我们再举一个这样的练习：

3+6

3+4

3+2

3+5

3+1

要解答这里的 5 个算式，只要几分钟就够了。在传统教学法条件下，解答完就结束了。教师检查解答是否正确，订正错误，然后全班进入下一个练习。

根据实验系统的要求，不仅如此，在计算完之后才是最有意义、最重要的时候。孩子们被要求比较所有得数，第一行和第二行的比，以此类推。学生们会去观察，每一行和上一行比和大了多少或小了多少。但他们并不满足于此：要弄清楚，是什么造成所发现的差异。因此，完成练习的性质本身和普通教学法比就是另一个样子了。

各个练习的顺序安排，要使其中的一个练习在接下来的练习中有自然的延续。

例如，当孩子们弄清楚是什么造成了他们所观察到的差异后，他们被要求把所解的式子重新写一遍，使第一行的和最小，而接下来每行的和都要越来越大。得到下列一串式子：

3＋1＝4

3＋2＝5

3＋4＝7

3＋5＝8

3＋6＝9

练习到此结束。

但是，对学习好的学生来说还可以继续完成形式更为复杂的练习。教师可以要求将每一行的和与下一行的和进行比较："和大多少?"对比的结果是，第二行、第四行和第五行的和分别比上一行大 1，只有第三行的和比第二行大 2。现在孩子们被要求编出所缺的式子，要使每一行的和都比上一行的大 1。他们先找到和相差为2的那些行，然后找到比5大1，同时比7小1的数字，也就是6。因此，所缺的算式的和应该是6。再然后，应该找到第二个加数，因为第一个加数都相同（是3）。如果给3加上2，就得5，那么，要得6，就应该给3加上再大1个的数，就是3。孩子们编好所缺的算式：3+3=6。现在每下一行的和都比上一行的大1。接下来，可以要求全班来做这个更为复杂的练习①。

上述的返回到学过的内容的形式根本不同于传统教学法条件下所进行的复习，传统的复习只是在学生的意识中复现教材中孤立的内容。在我们的实验系统中，返回到学过的内容的同时却是大踏步地前进。例如，孩子们返回到他们已知的减法和加法关系的同时，学会了解他们以前不知道的最简单的方程。此外，加法和减法的关系可以用于改变算式的形式，然后还可以推导出用字母表示这些算术运算的相互关系。

我们来看另外一个情况。孩子们要开始学习三位数乘以一位数的乘法。传统教学法此时会建议“严格按照从低位到高位的分级方法进行运算”，以相应的方式反映出先乘的部分②。

在初等教学实验系统中，过渡到三位数乘以一位数完全是以另一种形式进行的。孩子们被要求计算下面两组算式：

12×4　　212×4

23×3　　123×3

① 赞科夫：《一年级数学教科书》，莫斯科：教育出版社，1965年版。

② 普乔科：《小学数学教学法原理》，莫斯科：教育出版社，1965年版，第245页。

先要求学生们比较每行算式。这些式子有什么共同点？它们有什么区别？第二列算式解答中有什么新情况？接下来，孩子们应该解释这个结果是怎么得来的：

123×3＝369

从上面的材料可以看出，在初等教学实验系统中，课程的教学法设计的目标是使教材中各个单元的知识经常处于相互联系中。非常重要的是，这些联系不是外在的、形式上的，而是内在的、实质上的。能够建立联系也不是因为各知识块在学习时间上是相邻的，而是各知识块之间的每个联系本身都标志着学生在形成知识体系上的向前运动。

下面的问题是不可回避的。针对学生情况设计的课本中的课文、问题和练习为教材各部分之间的相互关系的建立创造了什么条件？课本能否促进探索性的思考？因为，没有紧张的探索性的思考是不可能形成知识体系的。我们从这个角度出发来研究一下植物学课本。

课本中有这样几章："种子""根""叶子""茎"等。每一章后面给出问题和结论。但这些问题和结论不仅和本章内容无关，而且也不是为了把各章的内容联系起来。例如，"叶子"这一章后面的结论是，在光的作用下，在植物的叶子里会形成有机物，叶子是种组织，植物通过它蒸发水分。"茎"这章最后做出的总结是，茎是植物的重要组织：它使叶子朝光；通过茎运输营养物质，贮存备用的有机物质。还说到，茎的梢部都会往高生长，植物的茎是多种多样的。

看来，干扰理解各章内容之间联系的是，这些问题都不需要去寻找它们的答案。大多数问题的目的是回顾本章课文中的一些事实信息。例如，给“从幼芽长成嫩枝”这一节提出了这样几个问题：什么是嫩枝？幼芽构造是什么？幼芽能长成什么？问题的目的好像是要思考现象之间的依赖关系，实际上，问题已丧失了这个作用，因为，问题的答案学生可以在本章的课文中找到现成的。例如，提出的问题是：“茎在植物的生长中起什么作用？”可是旁边马上就给出答案：“茎是植物的重要组织：它使叶子向光；通过茎运输植物中的营养物质”等等。

课本中有很多孤立的信息和术语都阻碍学生在知识体系中理解、掌握知识。例如，五年级课本的八章中用斜体标出的术语有近二百条。

上述事实证明，系统性原则的贯彻既不利于学生的发展，又不利于真正掌握知识。当然，不能由教学论来承担这种状况的全部责任，因为，在部分教学法中可能存在不正确地运用系统性原则。同时，也不可否认，对系统性的理解需要彻底地有批判性地重新研究，因为，正是教学论对系统性原则所作的那种阐释，才给某些学科教学法造成不尽如人意的后果。

就以上提出的问题来看，必须要深入开展实验教学论研究。要解决教学系统性问题也要走这条途径。

教学过程中的联系问题

教学论中经常提到的联系有，教学论的各个原则之间的，教育内容和教学方法之间的，还有教学过程研究许多其他情况中的联系。例如，加涅林曾专门研究自觉性原则和古典教学论、现代教学论的其他原则之间的联系①。

众所周知各个年级课程之间的相互联系是科目之间的联系问题。俄罗斯苏维埃联邦社会主义共和国教育科学院列宁格勒教育研究所特别关注这个问题。阿纳尼耶夫②特别重视课程之间联系的思想，在他的指导下制定了实现这一思想的具体办法。根据这个思想对各种课程的大纲进行的分析表明，在大纲的设计上存在严重的脱节现象。例如，学生开始学习生物学的时候，他们还缺少理解生物过程所必需的化学知识。提出了一系列能相对完善学校大纲和教科书的有益建议。在普通教育学校五至八年级课堂设计和进行中存在的问题的背景下研究学科间建立联系的必要性以及实现联系的方法③。

在学科之间关系的视角下研究各课程的内容，除了具有重要实践意义外，还能丰富教学理论，因为这里可以探索出一个研究学校教育各部分之间的相互联系的研究方向。同时，必须指出，学科关系中主要的正是这些部分之间的相互关系，但是从这些部分所构成的整体出发的研究还不够。

---

① 加涅林：《教学论的自觉性原则》，莫斯科：俄罗斯联邦教育科学院出版社，1961 年版。

② 阿纳尼耶夫：《初等教学教育中儿童的发展》，载《初等教学教育问题》，莫斯科：教育书籍出版社，1960 年版。

③ 达尼洛夫：《八年制学校的课堂教学》，莫斯科：教育出版社，1966 年版。

在教学论中，如我们从上文论述中看到的，目标是要研究这些或那些科学教育观点，还有教学过程中相互联系的各个不同方面；但是，教学论专家们自己承认，在这个目标上的进步并不引人注意。

那些很久以前就为人熟知的教学论，至今对苏联学校仍有意义，尽管对这些原则进行了修订，并提出了一些新的原则，但是，“所进行的尝试没有能建立起公认的原则体系，尽管很多这样的尝试很有意义”①。

尽管我们意识到教学中的整体与部分的相互关系问题非常复杂，我们仍然打算以教育和教学问题的实验教学研究为基础，大致设想出了了解教学过程中整体与部分相互关系的一种可能性。这种初步设想当然需要进一步的详细研究。

和其他领域一样，“整体”和“部分”这两个概念就教学过程而言是相对的。例如，学校某个年级的一门学科相对于本学科的各章、各专题来说是整体。同时，对于该年级整个教学工作来说，一门学科只是教学工作的一部分。还有更复杂的整体，就是学校教育的一定阶段，但这里会产生某个教学阶段与该阶段的教育之间相互关系的问题，因为，两者都是完整的教学教育过程的一个部分。

在研究小学教学中的整体和部分的相互关系时，我们首先考虑的是教学体系的完整性。

---

① 叶希波夫：《教学论原理》，莫斯科：教育出版社，1966年版。

体系就是整体，是有规律安排的相互作用的各个部分的统一，有时，还会把外部相互连接在一起的成套部件称为体系。但是，这都不是这个术语的正确使用。体系必不可少的特征就是它的整体性。体系的特点是各个组成部分之间的相互联系和相互依赖性。

要求教学教育过程的各部分和各方面是统一的整体，对小学各年级特别重要。小学各年级在学校教育中的地位，小学生的年龄特点都是提出这个要求的依据。

小学分学科进行教学这个状况绝对不是脱离该教学阶段的整体特点。不但如此，而且，目前小学教育必须分学科教学，正是这种学科划分要求弄清楚包含各种不同学科的教学的整体性的特点。

小学教学计划中有八门课程。每门课程在小学阶段占有什么地位？作为我们学校教育的一个阶段的小学教学是什么？在普通教学法和各公开出版物上对这些问题都没有给出明确的回答。小学教学法各种论著也没法对此做出回答①。

如果要指出传统教学法有什么特点，那应该会是小学教学论原理的不确定性，这个不确定性应该能对把小学教学建立成统一的整体起到帮助作用。

---

① 普乔科：《小学数学教学法原理》，莫斯科：教育出版社，1965 年版；罗日杰斯特文斯基：《小学俄语教学法原理》，莫斯科：教育出版社，1965 年版。

实验教学的整体性

我们现在来谈一谈小学教学实验系统，这个系统是在研究教学和教育问题的过程中建立的。整体性体现在研究的不同方面：总的教育思想，这是小学教学实验系统的核心；该系统各教学论原则之间的相互联系；认识现实的特点；小学教学作为学校教育教育阶段之一的特殊性。

实验系统的基础是实现学生普遍发展，求得教学效果最大化的思想。这个思想贯穿所有的教学大纲和教科书、所有教学法、各学科的教学方法设计、教育学生的方式、教学教育工作的组织形式等各个方面。

我们在小学各年级范围内实行的实验教学研究的主要对象是教学设计和学生发展过程之间的联系。因此，我们会谈到实验系统或实验教学。但是，实验教学的整体性不仅体现在被整体性贯穿的总的教育思想上，而且还体现在上文研究的教学论的各个原则之间的相互关系中（见第一章）。

比如，高难度的教学和其他原则的关系体现在，它的难度不是任何其他困难，而是在掌握理论知识中表现出来的困难，或是能促使学生意识到学习过程的困难。

例如，掌握“词形变化”和“构词法”这两个概念对二年级学生来说难度很大，但这个困难不在于，要在一天时间里背熟二十个难拼写（词根中有无法查检的元音）单词的正确拼写，而在于要区分概念，概念中反映了语言现象的多个方面。因此，要将以前获得的知识融入到一个更明确的有机的整体中。

为了实现高难度条件下的教学原则，需要快节奏地学习材料，这是完全必要的。因为难度程度是以教学材料的特点为条件的。如果多次重复同一内容，做大量形式单一的习题，这些活动内容本身就使高难度水平下的教学难以进行。长时间地反复使用同一个材料，决定着使智力活动具有“走老路”的特性。

理论知识起决定性作用和学生对学习过程的意识这两项原则之间也是不可分割地联系在一起的。这种意识不仅会出现在学生完成这些或那些操作的时候，而且会出现在理解操作的本质的时候，哪怕是肤浅地理解（例如，算术运算的几条定理，定理之间的关系、运算结果的改变取决于算式中各项的变化等等）。

实验教学整体性表现在其包罗万象的任务中：通过科学、文学、艺术给学生提供的一幅普遍的世界图景。这个任务是以实验教学的总的教育思想为条件的：为了学生的普遍发展取得教学效果的最大化。因为，如果仅仅认识现实世界的某些个别方面，普遍发展是不可能达到的，普遍发展也不可能局限于日常生活的小天地里。它要求广泛涉猎现实世界的方方面面。

这样理解对现实世界的认识远远超出了常见的教学划分和教学形式——解释性阅读和局部观察——的范围。同时，重要的是不要把对周围世界的认识简化为积累实际知识。当然实际知识本身是需要的，应该可以作为了解规律性、现象之间的联系和依赖关系的材料。在实验教学中理解现实世界要牢牢依靠科学资料、文学和艺术珍品。

小学教学的传统教学法广泛使用“不可行性”这个术语，同时，这个术语的使用不是以足够可信的事实为依据的。这种情况导致在低年级往往只教孩子们关于周围环境的极简单的、日常生活上的知识①。

在认识现实世界中苏联和外国的现代生活应该占有应有的地位。学生的思想政治教育任务和使他们普遍发展的任务，都要求让学生对那些发生在苏联，甚至是发生在我们境外的重大事件做出反应。这是靠阅读课本难以达到的，因为反映这些事件的课本自然是滞后的。

发生在苏联政治生活、经济、工业、农业中以及科学、艺术中的重大事件学生可以通过听成年人说，收听收音机，看电视节目等方式获得。自然，孩子们想更多了解这样的大事，而他们往往会错误地理解这些事件。在学校里不和孩子们谈论苏联的现代生活，这种状况是不正常的。非常重要的一点是，要使学生们的需求得到满足，但不要单独进行，而是要在班集体中，让他们每个人都有机会说出自己的思想和感觉，有机会得到感兴趣的问题的答案。

如果学生带到学校的那些感受都成为谈话的理由，那就很好了。让他们分享这些感受，开始一场无拘无束的谈话。

现在实行的小学教学法中把孩子们了解文学和艺术的世界理

① 赞科夫：《论小学教学》，莫斯科：俄罗斯联邦教育科学院出版社，1963 年版。

解得简单化了。由于目光短浅，好像低年级的学生不可能从真正艺术的意义上学习文学、艺术作品，对于小学生理解文学作品，传统的小学教学法中特别重要的方法是讲述故事梗概、故事情节。但是，要知道，文学作品和绘画艺术作品不同于采访记者的简讯和照片：以文学和艺术的独特方法进行的艺术形象创造可以深刻影响人的思想和感情。而这对道德发展和思想政治教育都具有重要意义。

我们的实验表明，低年级学生对学习真正的艺术作品是感到很兴奋的，这项工作激起了他们的审美感情和道德感情，孩子们能够理解和感受到很多至今认为是他们接受不了的东西[①]。我们根据实验系统原则编写了一些阅读课本。其中，每一本中都有两个部分：文学作品和科普文章。第一个部分挑选文章的出发点是要求作品具备应有的思想道德性和高超的艺术性。第二个部分的文章内容丰富多样，可以开阔儿童的视野，将世界多姿多彩地呈现在他们面前[②]。

一年级就开展阅读，学习绘画艺术知识，在这样的课堂上要求学生不要局限于情节、主题或学习相应技巧，而要去感受艺术作品中弥漫的心绪，感受作品中所表达的感情。但是，这只是理解文学、艺术作品的第一步。到二年级在这方面会有很大的

---

① 赞科夫：《论小学教学》，莫斯科：俄罗斯联邦教育科学院出版社，1963 年版。

② 罗玛诺夫斯卡娅、罗马诺夫：《生动的语言——一年级阅读课本》，莫斯科：教育出版社，1965 年版；罗玛诺夫斯卡娅、罗马诺夫：《生动的语言——二年级阅读课本》，莫斯科：教育出版社，1966 年版。

进步。

孩子们会获得有关创作文学作品的基本知识，了解文学作品的某些形式，了解形象又感性的语言表达方式。在绘画艺术方面认识图画结构。仔细观察图画，孩子们会发现每部作品中画家使用颜色和形式的特点。

得益于这些，再有以前获得的审美感悟上的发展为基础，二年级学生在理解文学和艺术珍品的作品方面获得巨大发展，在这些文学艺术珍品中艺术形象及其创作手法表达了各种不同的感情和思想。

我们的实验表明，孩子们既能根据教师的问题，也能独立地发现在那些对所观察的画作来说有特色的绘画方式中的重要因素。例如，在我们二年级实验班（莫斯科第 172 号学校）第二学期下半期关于希什金的画作《橡树林》发生了如下的对话：

女教师：请同学们讲一讲希什金的这幅画。（挂上一幅复制的《橡树林》。）

塔尼娅：画上希什金画了一片橡树林。这是晴天下的一片林中空地。天很蓝，没有云。四周长着草，是绿的。橡树粗壮的树枝向外伸展着。

女教师：好，还有谁要说？

托利亚：这幅画上画着一片林中空地。它后面是一小片橡树林。太阳照射在这片空地上，所以左边这棵橡树成了黄色的。树皮金光闪闪的。远处有一道小冲沟。上面长满了草和花。

女教师：非常棒，托利亚！你来说，娜塔莎。

娜塔莎：画上是一小片橡树林。是晴朗的一天。太阳的光芒洒射下来，让整个空地一片金黄。橡树的树干都伸展着，像手臂一样，每棵树都像一个个强壮的勇士。太阳也照到这些离我们比较近的树，使树几乎成了黄色。这些树的皮是明亮的深褐色。橡树叶子茂密，像绿色的卷发。如果从远处看橡树林，就像一堵墙。空地上开满了花。靠近橡树的地方草变少了。

女教师：太棒了！真聪明！我们来听伊戈尔说。

伊戈尔：近景的第一棵橡树比其他的更粗些，壮些。橡树的叶子都挤在一起，让人分不清是什么形状。整个空地都被太阳照射着，只有远处的树冠能挡住太阳，形成树荫。树荫下的橡树皮是深色的。

女教师：希什金是如何表现橡树在较远处的？

尤拉：他把它们画得小些。

托利亚：希什金画的也不只有橡树，那样就会很无聊，因为所有的树干就会一模一样。他还画了其他种类的树，夹杂在橡树中间。

尼娜：树的亮度不一样。

女教师：那这是什么造成的呢？

尼娜：是太阳。有些树阳光照在上面，而有的不是。

女教师：希什金表现的是晴天吗？

伊戈尔：画面上所有的东西都是明亮的。

女教师：这幅画让人产生什么样的心情？画家让我们感觉他在这片树林里感受到了什么？请告诉我。你想说什么，鲍里亚？

鲍里亚：这幅画让人产生愉快的心情，因为是个明朗的晴天。所有的橡树都在阳光的照射下。天空很蓝，没有一丝乌云。

女教师：鲍里亚心情愉快，因为是一个令人愉快的大晴天。

伊戈尔：还有，因为走在这样的空地上很舒服；那里太美了！

米沙：那里很美，第一棵橡树更让人愉快些，比，怎么跟您说呢……比（在找合适的词）……甚至比那些盛开的花还要让人愉快。

女教师：你们都很喜欢这幅画；在看这幅画时，你们甚至都在微笑。

萨沙：我想在这片橡树林多待会儿。

丹妮娅：我也不想“走出”这幅画。那儿的橡树真漂亮！

女教师：现在请想一想，在艺术中人们能用哪些方式表达自己的感情。

托利亚：可以用图画、诗歌、音乐来表达。

女教师：正确！这就是为什么艺术能打动我们。这就是为什么你们在听音乐的时候，有时会微笑，有时会忧伤……这就是为什么我热爱文艺作品。请回忆一下，谁非常出色地描写了树林里的阳光。

尤拉：康斯坦丁·帕乌斯托夫斯基！（他把希什金的画和帕乌斯托夫斯基的短篇小说进行了比较。）

（教师继续说道，画家、作家、诗人、音乐家在创造这些作品时，付出了多少劳动，他有一颗多么敏锐又善于感受的心灵，他得懂多少知识。）

女教师：人的感情是多么丰富，他甚至能赞美一棵小草！记得吧，塔尼娅曾讲过："我以前不知道，有这么多美丽的小草！"而其他人只会说："森林就是森林！没什么特别之处。"

※ ※ ※

小学教育的整体性要求把小学教育和学校教育接下来的几个阶段区分开来，甚至和学前教育区分开。

小学教育的特点在心理科学中能够找到理论依据。相关的研究表明，小学年龄段是儿童发展的特殊阶段，这个阶段本质上既不同于学龄前时期，也不同于少年时期。维果茨基、赞科夫、津钦科、科斯丘克、列昂捷夫、莫罗佐娃、鲁宾斯坦、斯米尔诺夫以及其他人的研究揭示了小学生心理的不同方面。在这些研究中显示出小学生的一系列重要特点：过渡到对自身心理过程的有意识性，直观形象思维和口头逻辑思维之间具有矛盾关系，抽象和概括能力得到发展和发生质的变化，从概念单列罗列向概念层次化和多层次系统化过渡，发展记忆等级功能等等。

在高级神经活动生理学领域的研究（伊万诺夫—斯莫连斯基、兹鲍罗夫斯卡娅、克拉斯诺戈尔斯基、佩恩、辛克维奇、法捷耶娃、福夫雷吉娜等人）中说到小学生神经动力过程的重要特点。学龄初期皮层抑制和兴奋过程相对发展还明显滞后。小学生的神经过程灵活性因为不够集中还不完善。第二信号系统还远没有发挥其调节和引导的作用，这个作用会进一步得到发展。

教师几十年积累的经验证实小学生具有年龄特点。在掌握知识和技能过程中观察孩子时，教师们发现，小学生对所获得的知识的理解很特别。这些观察在多篇反映教师经验的文章中都有描述。

给小学生们提供一个普遍世界图景的任务和小学教育的特点并不矛盾。这是以科学、文学和艺术为基础认识世界的第一个系列；它在学校教育的小学阶段所占据的地位以及学生的年龄特点决定小学教育的突出特点。

我们将着重研究这个特点中最主要的一个方面。在低年级对所认识的现实的分析是初步的，暂时还很少深入现象的深处。在学校的后续阶段中，当学生获得广阔的各学科的科学知识时，认识世界会具有明显差别性的特征。例如，认识自然是通过学习植物学、动物学、物理、化学等科目实现的，在其中每一门学科中，分析可以达到非常高的程度。因此，普遍世界图景的建立是以认识的分化进行得较深为基础的。

需要特别指出的是，将学校教育划分成各个阶段对学生形成基本的科学的世界观非常重要。这既要保障小学阶段和以后学段所形成的世界观得到统一，又要保证在划分时使每个阶段具有其独特性。

和小学阶段比，学校的其他几个阶段里教学和发展的相互关系会变化。学生普遍发展的工作仍然是一项意义很大的任务。但是，在方法制定上这项任务的独立性受到了削弱。教学材料的差别性和深度本身就能给学生普遍发展提供很多东西。此外，在自我发展上，他们依靠在小学阶段中所获得的东西进行的自我教育也能促进自身进一步发展。

※ ※ ※

尽管我们把小学教育实验系统确定为教学论系统，这并不意味着和小学教育传统教学法相比，对教育方法不作任何改变。如果任务的宗旨是在学生普遍发展上取得尽可能大的成果，这就涉及教育方法。

至于说到教育，那么这里具有重要意义的问题是，完成各项教育任务不通过和教学的表面结合，而是得益于教学过程本身的合理安排。因为采取实验系统的教学论原则，使孩子们形成了学习的内在动力。学生们不再为了分数而学习，分数的作用在各实验班已被最小化了，他们学习是出于对知识的渴求。因为紧张的智力活动使他们感到高兴，乐于完成有难度的作业，哪怕是面临了解新知识，也敢于迎战。学习没有了令人不快的强迫、枯燥的味道，成了能引起极大兴趣的集体的认识过程。这个过程是在班级团结合作的环境中，在无拘无束，同时又有高度纪律约束的环境中进行的，这种环境是由教师对同学们的尊敬，是孩子们对过程的专心致志和在课堂上紧张的忙碌共同营造的。

实验教学为孩子们能有内容丰富、形式多样、自然真实的集体生活，为克服教学活动中的形式主义创造了有利条件。因为学习材料会使孩子们产生不少的问题，这很好。要知道，当学生自己在理解材料时发现这样或那样的问题时，当某些不相符、矛盾让他们警觉的时候，当他们感觉，要使知识彼此“适配”而形成逻辑严密的整体还缺少某些因素时，知识就被真正掌握了。那些时刻就会产生问题。孩子们和教师共同努力寻找答案，教师总能引导孩子们达到期望的目标，找到这些答案，教师的引导和帮助是孩子们察觉不到的。

在我们的班级，教师们都认真倾听孩子们的推断，他们之间互相驳斥、假设，鼓励儿童在出现犹豫不决时做出选择。经常有引起孩子们兴趣却超出大纲或教材范围的问题，但教师会避开这样的问题，自然，也有学生解答不出来问题的特殊情况出现。通过交谈可以使知识得到加深，使学生的探索性思维得到发展，增强对科学巨大力量的信念，加强不断进步，不断加深认识的愿望。

实验教学的性质改变了师生关系。教师没有失去学习中的指导作用，但同时却成为集体认识过程的参与者，成为自己培养对象的真正朋友和年长的同学。通常在小学各年级更加盛行的那种“命令”腔调逐渐消失。

当然，普通班的老师也会经常努力拉近和学生的距离。但传统教学法的准则妨碍师生接近和建立友谊关系。严苛的教学方法设计规章，遵照表面纪律标准，要求频繁地打分数都会滋生教学的形式主义，而形式主义不可避免地会使教师和学生关系变得疏远。

在实验教学中，师生的友好关系，学习内在动力的形成，生动活泼的认识氛围都是整个系统不可或缺的因素。

第三章　教学任务、教学手段和教学效果

教学任务与教学手段的区别

教学任务及教学任务的突出特点，它在教学中的地位和作用，这些都是研究教学过程时的重要问题。在教学论中反映了教学任务各个不同的方面。如达尼洛夫认为，“教学过程特别矛盾之处在于，教学过程本身，教学过程的逻辑性会不断给学生提出这方面或那方面的新任务，这些任务学生是清楚的，能被学生接受，而且如果他们开动脑筋是能够被他们解决的。”①

在上面引用的观点中指出了以下几点。第一点说明了教学过程客观进程方面的任务的特点。在这个意义上，任务是客观行

① 达尼洛夫：《苏联学校的教学过程》，莫斯科：教育书籍出版社，1960年版，第42～43页。

动，既不取决于教师，也不取决于学生：是外部交托的东西。接下来的两点指的是教学任务在学生意识中的反应：学生明白并接受任务。如果将这两点和学校的客观实际进行对比，那么，它们显然是最好的情况。最后指出的是，如果教学任务能够被学生解决的话，那么这个矛盾就起到了作用。

我们不去评论所引的观点，因为现在问题不在于它，我们强调的是，教学任务没有得到全面系统的研究，而只不过是在几个不同的方面进行研究。

“导入”要学习的材料，各个教师可能做法不同。达尼洛夫以学习毕达哥拉斯定理为例展示了各种不同的“导入”形式。

教师可以简要地说：“我们来学新内容：毕达哥拉斯定理。”也可以用另一种方式：不仅说出新课题，还指出该定理在实际中的运用。可能还有一种方式：教师从学生已掌握的知识入手（“两条直角边完全可以确定一个直角三角形，因此也就确定了它的斜边”），并提出学生即将要了解的新知识（“应该存在一个关于两条直角边和一条斜边之间关系的公式”）。达尼洛夫认为第三种方式更可靠，他指出，这种方式结合了学习新内容的理论动机和实践动机①。

对教学任务各个不同方面的研究是进一步研究这个问题的有利条件。但是，上面引用的对教学任务的解释有几点突出特点。第一，解释的是教学任务的局部特点：每个任务都和一定的课题

① 达尼洛夫：《苏联学校的教学过程》，莫斯科：教育书籍出版社，1960 年版，第 49～50 页。

或特定课程大纲问题有不可分割的联系。第二，不同的时间里教学任务会进行不断的更换：今天的俄语课上是这些教学任务，明天是另一些任务，后天又是另外一些。教学任务的特点及所采用的教学方法和手段之间的联系可能仅仅是局部的，并且不具有概括性，因为教学任务的特点是局部的。

在佩罗夫斯基的一篇题为《教学中的方法问题》的文章中提到"最近教学目标"是让学生了解新材料，提高知识水平并检查知识掌握情况①。佩罗夫斯基称之为最近教学目标的内容可以被作为教学任务来研究。那么，教学任务的研究特点将会是，根据教学过程环节的不同教学任务也会有所变化。

我们对教学中教师的语言讲解和直观手段相结合所进行的研究表明，存在这样一些有共同特点的教学任务，既不能将它们"捆绑"到教学大纲的某个特定课题上，也不能"捆绑"到某个特定学科上。这些任务不是根据教学过程的环节设计的。任务可能是了解客体的外观。教学任务也可能是研究对象之间的联系和依赖关系，并且这些联系和依赖关系本身不能被直接领会到。这是两种截然不同的教学任务。

教学任务问题还应该从另一个角度去分析。教学中提出的任务通常仅仅在掌握知识、技巧的层面进行说明。至于说到学生发展，那么，很多教学论著作中对必需发展学生的呼吁在研究教学任务时并没有体现出来。毋庸置疑，教学任务的首要目的应该是

① 佩罗夫斯基：《教学中的方法问题》，载《苏联教育》，1956 年第 12 期。

掌握知识和技巧。但是，正如在我们教学与发展问题的研究[①]中所表明的，在学校大纲和课本中，在教学方法上，当然，还有在教学过程中所提出的任务中对孩子们取得更多发展应该做出特别规定。

研究教学任务、教学方法与取得的结果之间所存在的联系极为重要。缺少这项研究就不能成功解释教学过程的规律性特点。

然而，在教育学文献中将各种不同的教学任务混为一谈，并且对教学任务和教学方法之间的联系视而不见。例如，叶希波夫就小学教育实验系统说出自己的观点时，他对低年级学生写作不列提纲，而在手工课上对制订制作规定物体的计划特别重视这样的情况感到奇怪。

要知道，两种情况下的任务是完全不同的。在写作文时，任务是要孩子们掌握更完整地用语言表达自己的思想、感情的能力。写作文不先列提纲是写作文的独特之处，这样，学生可以表达正确，叙述形式多样，语言使用丰富，同时又不失个性特点。叙述的逻辑性不是通过形式训练的方式可以达到的，而是要使儿童自己能够抓住各现象和各思维之间的联系。

在手工课上，布置给学生要制作的客体是有各种细节要求的。客体制作可以通过模仿教师所做的示范来完成，也可以根据

① 赞科夫：《小学教学与教学论问题》，载《人民教育》，1964 年第 7 期；赞科夫：《学生在教学过程中的发展（一、二年级）》，莫斯科：俄罗斯联邦教育科学院出版社，1963 年版；还有教育与发展实验室的其他著作。

自己制订的计划完成。我们选择这两种方案中的第二种。以此提出教学任务，就是要孩子们掌握在仔细观察所提供的样品和为面临的工作制订计划之间建立联系的能力，同时培养他们的观察能力、空间想象能力、自我控制能力。

将完全不同类型的教学任务混为一谈的情况可以说不胜枚举。在一部著作中强调指出，在三年级课堂上分析马科夫斯基的画《躲避暴风雨的孩子们》时，“教师提出的 29 个问题中，只有两个能使学生再现个人经验。其余 27 个问题都是直接涉及画作内容，并且没有把在思想上引导学生到自然中去作为追求目标”①。

但是，要知道，在这种情况下，完全不需要“再现学生个人经验”。相反，分析这幅画作时，提出的教学任务是有意识地要与小学教育教学法中常用的标准方法背道而驰，常用的标准方法是，教师要使孩子们回忆起和图画有联系的过去经历过的各种体验，进行各种可能的臆测，诸如此类。刚刚提到，这节课中提出的任务是在理解绘画艺术作品的基础上丰富孩子们对所熟悉的自然现象的认识。理解并体验复杂的艺术形象此时是最重要的，为此，必须要孩子们仔细观察并看清图画中的细节，说明细节之间的联系。这对发展孩子们的观察力也是必需的。这里，巴拉诺夫认为是万能的标准方法绝对不合适。

对其实是丰富多样的教学任务不加区分，忽视任务和教学方

① 巴拉诺夫：《小学教学中儿童的情感体验》，莫斯科：俄罗斯联邦教育科学院出版社，1963 年第 42 页。

式之间的联系，都会阻碍教学过程理论研究，并给教学实践带来重大损失。例如，在缝制衣服这件事上，如果对缝制什么，是缝制裤子还是夹克上衣，不加以区别，两种情况下采用相同的缝制方法，结果缝制出来的既不是裤子，也不是夹克上衣，那经裁缝之手做出来的就会是一件四不像的东西。在教学中也有类似的情况：不区分教学任务，不知道任务和教学方式之间的联系，结果导致没有取得高质量的教学效果。

教学方式及其教学论意义

各种教学方式，外在上，表面上看来给人感觉很相似，或者，甚至是相同的，如果将它们和教学方法为之服务的教学任务联系起来有理有据地仔细研究的话，其实差别很大。我们会以低年级数学教学为例来证明这一点。

由于教育和发展实验室进行的实验研究过程中提供并实践了一些数学教学的某些方式。这些方式都是旨在小学生的普遍发展上首先取得尽可能的高效的小学教育实验系统的一个部分。如果考虑到其他作者过去完成的研究，系统提到的因素已被研究过了①。我们指的是在低年级介绍加法和乘法的交换律，加法和减法，乘法和除法的互逆关系，低年级的代数成分这些相关内容。

向小学一年级学生介绍加法和乘法的交换律的合理性，二十

① 兹纳缅斯基、卡拉谢夫、斯塔利科夫、埃梅诺夫：《算术教学法》，莫斯科，1940年版。

多年前在埃梅诺夫主编出版的《算数教学法》中就已被提出了。在该教学法中建议给孩子们介绍加法交换律时，向他们展示数字的排列情况，对照特别挑选了的例子；给孩子们提出的任务是找出那些能够得出相同的和的成对的被加数，等等①。

后来，教师什科季娜对数学课程中一年级学生的概括能力的形成进行了专门研究。其中，她研究了孩子们了解加法交换律的问题。一年级学生通过具体的例子观察交换律运算，然后在教师的帮助下形成定义。孩子们说："数字放置位置不同，而结果相同。""结果不变，数字只是交换了位置。"②

指导什科季娜研究的缅钦斯卡娅指出，这项研究的目的不是要解决一些具体的教学法问题，如一年级的教学中算术课程在哪些章应该形成学生的概括能力。同时，什科季娜的工作表明，形成这样的概括能力可以扩展孩子们的知识，并提高掌握运算的质量。

一年级算术课的教学过程中尽量引导孩子们做些概括，这是值得称赞的。这种方法与传统教学法之间的区别很大。在传统教学法中一年级的算术教学就是使孩子们养成熟练计算的习惯，并制造一套通过大量单调重复训练就可以直接解题的不动脑筋的死板方法。

---

① 兹纳缅斯基、卡拉谢夫、斯塔利科夫、埃梅诺夫：《算术教学法》，莫斯科，1940 年版。

② 缅钦斯卡娅：《算术教学心理学》，教育书籍出版社，1955 年第 207 页。

如果考虑到教学过程对孩子们普遍发展的效果，那么，合理的做法是，在开始学习加法时就让学生了解加法交换律，并在后来掌握加法的过程中考虑到这一定律。

这种立场把我们所提供的教学法和上述提到的各种拼凑的零碎的教学法区别开来。那些拼凑的方法的特点是，对加法交换律的介绍没有达到让人清楚地意识到这个定律的水平，表达得也不够准确。

埃尔德尼耶夫也认为，不仅在一年级，而且在二年级给加法交换律的定义都为时尚早。他写道："不应该在二年级的时候问交换律是什么，但是，可以说，最好说：'请运用加法交换律'(该说法也完全适用于乘法交换律)。"①

我们在低年级教算术的经验表明，一年级学生可以弄清楚加法交换律（乘法交换律也是一样）及其定义。在这个定律的基础上孩子们了解算数运算很顺畅，他们甚至会编制并掌握加法和减法表。

还在研究 10 以内加减法的时候，我们就特别关注对这两种运算之间互逆关系的认识。这种态度在后来学习乘法和除法时依然会遵守，就是说，不只是在一年级，还有在小学接下来的几个年级中都会秉承这种态度。

关于在教算术的初级阶段如何反映各种算数运算之间的关系问题早就被提出了。方法之一是在二年级并行学习乘法表和除法

---

① 埃尔德尼耶夫：《积极地、创造性地、高效地教数学》，载《人民教育》，1962 年第 9 期（增刊），第 14 页。

表，这个方法是由科托夫制定的，并在1955～1956学年和1956～1957学年由多位教师在实践中进行检验。科托夫写道："总之，同时和被乘数不变的乘法表建立联系的是两种除法表：一种除法表是除以同一个数（除数不变），意思是进行等分，另一种除法表是等商除法，即商不变（而不是除数）。"①

埃尔德尼耶夫描述了在小学低年级并行学习互逆的两种算术运算的经验。该作者把这种学习当作运算的对比②。

但是，问题的实质并不在于一般地采用并行学习两种互逆运算，而在于，究竟如何实现这样的学习，其积极意义何在。应该研究，互逆运算的相互关系在学生掌握算术过程中占有什么样的地位。

利用加减法相互可逆的两种算术运算之间的联系可以简化减法运算，这种看法非常普遍。例如，在波利亚克的《教学法》中我们可以读道："显然，即使是在做数字不大的个位数减法运算时，孩子们也很难记住，减了几还剩几。因此，合理的做法是把很多减法例题作为相应的加法逆运算看待，并且，求差的正确做法是：找到增加给减数的一个数，使它们的和等于被减数（7－4＝3，因为3＋4＝7……等等）正运算要比逆运算容易得多。经常用加法

① 科托夫：《学习表内乘除法的体系和方法》，莫斯科：教育书籍出版社，1958年版，第14～15页。

② 埃尔德尼耶夫：《积极地、创造性地、高效地教数学》，载《人民教育》，1962年第9期（增刊），第14页。

来替代减法是合理的，因此也是可行的。”①

我们在科托夫的观点中发现有点不同，在并行学习乘法和除法表的问题上，这一章算术的主要目的是他的出发点，即最有条理地、最简便地学习乘法表和除法表，学生最轻松地、最牢固地记住这些表，还有一个出发点，就是综合解乘法和除法题的原则②。

在两种互相可逆的运算关系中学习它们的经验证明，并行学习和分开来学相比，在已经指出的那些方面具有一定的优势。我们绝对不是有意贬低所提到的那种掌握运算、学习并牢记乘法、除法表的方法的意义。但是，对我们来说，主要的和决定性的方面不在于此。

还在研究的开始阶段我们就认定学生理解算术互逆运算之间的关系具有特别重要的意义③。主要的是，必须要使掌握算术能对孩子们的发展起到作用。在获得牢固的计算技巧所发挥的作用中，我们要完全意识到，我们特别重视的是学习算术在认识方面的作用。学生意识到算术运算的相互关系非常重要。这个意识是掌握作为数学学科的算术最重要的因素，对于发展具有特别重要的意义。

---

① 波利亚克：《小学数学教学》，教育书籍出版社，1959 年版，第 163 页。

② 科托夫：《学习表内乘除法的体系和方法》，莫斯科：教育书籍出版社，1958 年版，第 21 页。

③ 赞科夫：《一年级算术教学中的新方法》，莫斯科：教育出版社，1964 年版。

因此，我们的教学法原则根本不同于上述的那些解释，在利用互逆算术运算之间关系的问题上，上述那些解释都将重心转移到掌握技巧或记忆乘法除法表上了。

我们的立场和埃尔德尼耶夫制定的教学方式之间同样存在很大的分歧。

埃尔德尼耶夫反对分开学习互逆的算术运算，并坚持并行学习它们的合理性，他认为非常重要的是"交替"对比相应概念和运算（即，在同一堂课上同时学习）。例如，同时进行加 1 和减 1 的运算（6+1=7；7－1=6）[①]。在描述一年级运用该方法学习 20 以内数的加减时，埃尔德尼耶夫举了一年级学生解答各种不同类型题的例子。作为按交替对比方法学习的结果指标，他指出，在解答例题时，实验班运算时出错的数量比对照班的少很多。

当然，不应该过度低估这种结果的意义。埃尔德尼耶夫改进算术教学法的实验，同上文提到的科托夫所制定的方法一样，毫无疑问，值得称赞，也值得关注。埃尔德尼耶夫提出了自己的并行学习互逆算术运算的方案——交替对比。

但是，尽管科托夫和埃尔德尼耶夫两人在方法策略上有差别，却有一点很相似，即，他们都局限于掌握计算技巧这一点。能证明埃尔德尼耶夫方法策略具有这种倾向的不仅是他不重视形成计算技巧的数学概念和依赖关系的掌握，还有交替对比方法本

---

① 埃尔德尼耶夫：《数学教学中正逆关系的作用》，载《教育学问题》，1962 年第 6 期。

身。计算关系互逆的算式（9＋2＝11 和 11－2＝9）只要严格遵守埃尔德尼耶夫所坚持的交换，不需要搞清楚其中存在的关系，这首先并且主要对形式加减技巧有意义。如上所述，我们对算术教学法的改进的目的是要使学生的普遍发展达到更高水平。

让儿童通过活跃的探索的思维、推论、论证、对照来阐述所学现象的各个方面，这不仅有助于掌握概念，而且也有助于掌握技巧。思维活动有其本身的复杂性，为了弄清楚互逆运算之间的关系，完全不必在同一课堂上循规蹈矩地交替运算，去解有关加法和减法、乘法和除法的例题（而这是埃尔德尼耶夫方法策略中的重点）。如果这些例题一题一题按顺序直接来解，那问题的实质就不像埃尔德尼耶夫所设想的同时或交替运算了，而是可逆算术运算之间关系的认识。

在我们的系统里，认识互逆算术运算之间的关系是和学生对加法和乘法交换律的意识有机统一的，甚至也是和利用代数符号来概括记录这两种定律有机统一的。只要在它们的统一中运用所有这些手段，我们就能达到让学生尽可能更深刻地理解相关的联系和依赖关系，就能让学生的思维活动达到抽象、概括的更高水平。

当孩子们积累了运用加法的交换律（以后是乘法的）的经验时，就应该引入用代数符号记录这两个规律。

在小学教育中引入代数成分是由达维多夫提出的。他证实，在开始数学教学的时候，需要首先向孩子们解释客体的数量属性。这一属性在儿童自身的一定活动中方能被发现，而正是在客体比较中，并且是在演算时能揭示“相等”“大于”“小于”这些关系以及调整这些关系的规律。

根据这些观点，达维多夫编制的一年级数学大纲的第一个专题是《比较大小》。比较的结果开始只用符号记录，然后用符号和被比较物的简画图记录，最后用符号和字母来记录（公式：А＝Б；А＞Б；А＜Б）。接下来的第二、三、四专题分别是《等式的破坏和保持·引入加减法运算》《化为相等》《等式两边各项的依赖关系》。

一年级的第一个学期都学这四个专题。这个阶段只使用字母符号。第二个学期才学数和计算①。

达维多夫所做的实验还是很有意思的。但是我们走的是另一条路子：根据不同的科学教育原理利用各种代数符号和代数表达式。如上文所述，在我们的实验中改进教学的目的是达到学生普遍发展的高水平。完成这项任务需要儿童在自己的学习活动中有更大的独立性。因此，更应该牢牢地依靠孩子们在入学时所拥有的经验。而儿童入学前的经验（“数学经验”，如果可以这么表述的话）和数字及计算紧密联系在一起。

如果注意到上述看法，就会明白，达维多夫所提出的一年级学生学数学那个方法不适合实现完成我们预定的任务。使用他的方法时，一年级就要在学生的意识中灌输能反映数量之间一般关系的各种公式。教学并不依靠儿童拥有的“数学经验”，而是绕

① 达维多夫：《小学引入代数成分的实验》，载《苏联教育》1962年第8期。

过了这一经验。不但如此，数字和计数的引入也是以数量之间一般关系为基础的，也就是说，所依赖的基础和一年级学生所拥有的观察力和想象力也是格格不入的。

在我们的实验中，字母符号的引入是为了在数字材料的基础上学生所获得的对规律的理解上升到更高的概括水平。这在进行10以内的加减时就能做到。

孩子们可以自己列举各种不同的体现加法交换律的例子。教师将这些例子写在黑板上。教师提醒孩子们注意，虽然这些例子中的数字不同，但所学定律适用于所有情况，不论取什么数，并且告诉他们，可以用字母 A、Б、B 来代替这些数字。于是我们将所学的定律写作：A＋Б＝B；Б＋A＝B；A＋Б＝Б＋A。然后，教师擦去黑板上她所写的数字例子，只保留字母公式。让孩子们将几个公式记录下来，然后用各种不同的数字替换字母，于是，每个学生都得到一组例子可以体现用字母公式这种概括形式记录的加法交换律。

以上我们阐述的针对加减法的原则立场，在教乘除法的时候也以此为根据。在学生了解乘法之后不久就应该给出“乘数”和“积”这两个术语。学生经过多次观察，应该就能表达出乘法交换律的定义。

哪怕不完全准确，也希望学生自己能进行定义（教师指正）。这个定律可以借用代数表达式来记（A·Б＝B；Б·A＝B；A·Б＝Б·A），这样，孩子们就能深刻理解了。

教学方法及其效果之间的关系

通过更细致地分析学生的活动来研究所使用的教育方式及其所产生的效果之间的关系也是有非常重要的意义的。尤其是在上实验课的时候。这种课是有利的材料，因为课上有学生的实践操作，也就是说，学生的学习活动是外显的。①

基留什金曾描述组织安排过这种活动，内容是关于中学化学课程中的一个问题："在哪种水中可以溶解更多的硝酸钾，冷水中还是热水中?"（七年级）。每次都是一个学生单独进行。试验工作有两个部分：1. 装配实验所需的仪器；2. 完成实验。对我们分析特别有意义的是装配仪器，因为这部分有很多实践行为。

上实验课的学生被分成了两组。第一组学生（简称为 A 组）根据示范装配仪器，示范时没有口头说明。第二组学生（简称 Б 组）仅根据教师的口头说明装配仪器，没有示范。

每个学生，不论是哪个组的，都由教师口头说明来开始实验活动，说明的作用是导入所要进行的实验工作。教师说话的内容如下："大家都知道，很多固体物质都溶于水，这是可以看出来的。一些固体溶解得多些，有一些则溶解得少些。在相同量的水中根据水温的不同能溶解同一物质的量是不同的：有些物质在热水中溶解得多些，有些在冷水中溶解得多些。

---

① 赞科夫：《教学中的直观性和学生的积极性》，莫斯科：教育书籍出版社，1960 年版。

本次实验的目的是要了解，在哪种水中，热水中还是冷水中，溶解的硝酸钾多些。为此需要往一定量的水中一点点地加入硝酸钾，使其不能完全溶解。然后将所得到的混合液进行加热，并观察，未溶解的硝酸钾的量是否有所增加或减少。”

接下来向学生介绍该实验中所使用的设备器材。由教师展示并说出下列器材：托盘、托盘的支架、连接杆、接头、环套、石棉网、架子或卡子、酒精灯、烧杯、量筒。

导入之后，如果采用第一种指导方法，教师要示范如何装配仪器。

对于Б组学生的个人活动，教师就只做口头说明，告诉他们如何装配仪器。每个活动的过程都要做详细的记录。活动结束后，每个学生都要上交一份如何装配仪器的书面报告。

在分析活动记录的过程中可以发现，每个学生漏了哪些步骤。然后计算出相应的算术平均数（平均到每个学生身上）以及相对于根据教师口头说明或示范应该要完成的步骤数的百分比。

结果，在有示范，但没有口头说明情况下装配仪器，学生平均漏掉3.4个步骤，占该完成的13个步骤的26%。在只有口头说明而没有示范的情况下，学生装配仪器时平均漏掉1.8个步骤，是步骤总数的14%。

由此可见，对于学生完成操作来说，单有口头说明比单有示范效果好。

为了弄清差别的实质，又进行了第三种实验课。课上，同上述两种实验课一样，教师一边展示学生装配仪器需要用到的设备器材，一边问，它们叫什么名称，用途是什么。如果学生答不上来，教师自己说出器材名称。

这种实验课的组织特点是，教师完全不告诉学生装配仪器应该有哪些步骤。根据实验需要回答的问题，根据对完成实验过程的总体描述，学生要自己找到正确的操作。要将烧杯里的溶液加热到50℃的指令对学生来说起到了任务的作用，可以据此来装配仪器。

这种实验课会带来怎样的结果呢？装配仪器时学生平均有5.8个步骤没做，或者说，应该完成的13个步骤有45%未完成。我们来分析一下所描述的各个因素和对此的解释。

我们首先考虑示范对学生完成动手操作的作用。在教师示范装配仪器时，学生通过视觉来感受教师的相关行为。学生通过视觉了解行为，然后自己完成类似的行为，这样做的理论依据是视觉分析器细胞和运动分析器细胞之间的条件反射关系。

巴甫洛夫曾在研究任意动作的问题时，写到过有这样的关系："皮层动觉细胞之间可能是有联系的，也确实是和所有皮层细胞有联系，皮层细胞既能反映所有外部影响，也能反映机体各种内部过程。"①

但是，实践行为能够在只有口头说明而没有示范的情况下被顺利完成。这一结果能用话语影响实践行为完成（完成实践行为中话语的作用）的思想加以解释。理论基础是巴甫洛夫的两种信

---

① 《巴甫洛夫全集》，第2版，第3卷，下册，莫斯科—列宁格勒：苏联科学院出版社，1951年版，第317页。

号系统相互作用的思想，根据这一思想，话语和直接的物质刺激物有关，它能概括，同时也能代替这些刺激物，作为“信号的信号”发挥作用。

很多作者（博伊科、古里亚诺夫、佩恩斯卡娅、普尼、苏沃罗娃、切列夫科夫等）在专门进行的研究的结果中，都强调意识控制和通过话语建立的运动表象在完成动作时的作用。

当教师不做示范只做口头说明的时候，正确装配仪器的条件是，学生对教师口头指示中指出的那些动作产生表象。这种情况下学生漏掉的步骤非常少（只有 14%），这个确实证明了这些表象是存在的。

但是，在我们所研究的实验课上学生不得不首先完成进行试验所必需的大部分行为。这样的行为包括将接合器固定在连接杆上，将烧杯颈固定在夹子里。在这些情况下，学生拥有能完成所要求的行为的运动表象是如何被领悟的呢？对这个问题可以作如下解释：行为中包含学生以前进行过的相似动作，如在日常生活中，在劳动活动中，在体育活动中等做过的一些动作。例如，学生显然都做过拧紧或拧下螺丝，改变物体的空间关系，就是说，完成取下、固定、移动等操作。

因此，装配仪器中的新动作是那些形式不常见的操作。更重要的是，装配仪器由特定的步骤组成，即，包括的是这些，而不是随便什么别的一些动作，还包括一定的结构。而正是如此，行为才需要以应有的顺序来完成。

这种情况能用来解释第三种实验课所取得的结果，第三种实验课，即，教师不给和装配仪器有关的指示，而只是说明任务和所做实验的实质。这种条件下完成实验有很多缺陷。如果学生拥有他应该完成的某些动作的表象，那又是什么导致了这样的不足？实质上，学生不能确定应该要完成哪些行为，以什么样的顺序去完成，如果交代给他们的任务很笼统的话（为了弄清楚哪种水能溶解更多的硝酸钾，热水，还是冷水，需要将烧杯中的溶液进行加热）。

根据所给的任务，学生无法制订实验计划。这不仅表现在学生没有完成实验中所包含的很多操作，还表现在学生不做步骤前的准备工作就直接开始进行一个步骤。因为，该实验所要解决的问题是弄清楚哪种水能溶解更多的硝酸钾，热水还是冷水，此外，教师指令中说明了需要加热烧杯中的溶液，意思是，为了正确地完成实验，要先准备加热溶解在水中的硝酸钾的仪器。但是，学生们没有做好准备就直接开始溶解硝酸钾了。

接下来，学生们不是先把酒精灯放置到支架盘上，点燃酒精灯，并以此确定把环套固定在什么高度，而是先安装固定烧杯颈的位于上部的接头。然后，学生发现这个接头装的太低了，又开始移动接头。可是，学生没有通过点燃酒精灯来先确定带环套的下部接头应该固定在什么高度，然后，当要加热烧杯中的溶液时，结果发现上部接头安装得太高了，或者相反，过低了，不得不再次移动。

因此，在安装仪器中最主要的一个缺点是预测或预判后续行为的能力太弱。在实验开始前，学生们没有构想实验进行的示意图。只有当完成一个步骤时，发现缺少了必不可少的一个行为而使其无法完成时，他才开始意识到各个行为之间的某种联系。

第三类任务失败的原因揭示出学生心理活动的特点，这可以归结为学生发展得不好。这种解释的合理性可以通过研究小学生发展的结果来得到实证。正如第一章中所表明的，按新方法教的孩子们普遍发展水平都很高。这种发展能被发觉，特别是在计划面临的工作中所需的各种心理活动中能体现出来。

因此，分析对学生作不同指导的实验课的进行情况，证明教师使用这种或那种教学方法具有客观条件性。教师如果知道这个条件性，就不会白白将力气花在那些不会带来预期结果的教学方法上了。

同时，教师会有意识地采用一些对学生发展起重要作用的方法。例如，在班级的日常工作中第三类型的实验课应该继续采用。在学生完成课程作业遭到失败后，应该要详细分析学生完成作业的过程，指出所犯的错误及其原因。过一段时间后再换个问题布置一个相似的实验任务。以后逐渐增加任务的难度，这样可以使学生在发展的道路上不断进步，走得越来越远。

但是，上文所述的意义不应该理解为教学任务和教学方法之间的联系是单一的。问题的意义和复杂性在于，实际上可以采用不同的方法来解决同一个任务。我们举几个任务为例，比如：1. 向学生介绍客体的外观、结构；2. 在观察直观示范客体的基础上，了解现象之间的联系。

我们实验室专门研究了可以运用哪些教学方法来完成这两个

任务。我们对莫斯科和国内其他城市小学和初中各年级各学科出现直观教学手段的课堂教学都做了分析。研究了一至四年级的讲读课、自然课和劳动课，五至八年级的植物、地理、历史和化学课。对运用展示手段的课堂和实验课都进行了观察。对教学风格独特的教师的课也进行了研究。得益于有组织的研究，避免了在研究我们感兴趣的现象上的片面性，并突出了每个教学任务和教学方法之间联系的共同特点。

研究表明，在学校的教学实践中存在大量各种不同的使用教师话语和直观手段相结合的方法来完成上述任务。对所发现的方法进行分析后，可以将所有这些多样性的方法归纳为四种基本方法，我们将这四种方法都称之为教师话语和直观手段相结合的形式。

我们首先来研究针对向学生介绍客体外观、结构这一教学任务中这种结合形式的作用。

第一种结合形式的特点如下：教师通过话语（指示、问题、语句、只言片语等）指导学生进行观察，而对客体外观的认识由学生自己在观察过程中从示范的客体中提取。

另一种结合形式，我们称之为形式三，和形式一截然不同。形式三的特点是，客体外观信息学生都是从教师口头描述中获得的，而直观方法的作用是对口头描述的证实和具象化。

当教学任务是在观察示范客体的基础上了解现象之间的联系时采用结合形式二和形式四。结合形式二的特点如下：在学生观察示范客体的基础上，并以学生已有知识为基础，通过话语，教师引导学生理解并表述认识过程中能够被了解的现象之间的联系。

和形式二相对的结合形式是形式四，其特点如下：从学生观察示范客体出发，教师自己说出那些学生直接不能认识到的现象之间的联系，作总结，归纳、概况各种资料①。

首先应该指出，完成同样的教学任务可以运用截然不同的教学方法。并且这里产生了一个最主要的问题：运用这些差别很大的方法会产生什么样的结果？

我们先来看运用结合形式一和形式三的结果。我们选取五年级的植物学课程中“叶子的外部结构”和“叶子在树枝上的分布”两个课题的课堂为例。对学生知识质量的多方面详细地对比表明，在条件相同的情况下，运用结合形式一比使用形式三所取得的效果要高得多。这既包括知识的全面性，也包括知识的准确性。在以地理和历史课为材料的基础上运用形式一和形式三也得出了相似的结果。

由此揭示出了一条普遍规律：对于向学生介绍客体外观、结构这一教学任务，教师话语和直观性方法相结合的形式一比形式三效果更明显。这条规律反映了教学任务、教学方法和取得的效果之间的客观联系。

必须强调，这条普遍规律根据它起作用的条件不同会有不同的表现形式。其中的一个条件就是教学材料的特点，要求学生分

① 赞科夫：《教学中的直观性和学生的预测能力》，莫斯科：教育书籍出版社，1960年版。

析的细致性多些还是少些。这类的典型差异表现在主题为“叶子”的教学内容中（五年级的植物学课程）。

我们先看看关于叶子外部结构的材料。叶片和叶柄作为叶子明显不同的两个部分在认知中表现得非常明显，对这两个部分的区分不需要任何敏锐的观察力。叶子在树枝上的分布类型（对生、互生、轮生）是根据直观外形的突出特点来划分的，并且叶子分布的每种类型之间，在某种程度上还相互对立。同样的情况还有脉序类型：网状、平行状、弧形状。

学习叶子内部结构或细胞结构的过程中，学习材料的特点则完全是不同的。这里在客体的空间分布和形状上没有像叶子外部结构那样明显的对立。相反，叶子的细胞乍一看像是同一形状的浆状物。要想从中区分出细胞膜、栅栏组织和海绵状组织、细胞空隙、气孔，需要仔细观察对比细胞形状的细微差别，它们的空间位置等。

总之，在向学生介绍叶子外部结构时对客体的分析相对粗略。而学习叶子内部结构的过程中需要细致分析。

从对学生智力活动所提出的要求角度说明了教学材料的特点后，我们来对比在教学内容不同的课上结合形式一和形式三的效果。学习叶子内部结构的那些班也同样学习了叶子的外部结构。一所学校的五年级（我们简称为五 A）广泛采用话语和直观手段相结合的形式一，而另一所学校的五年级（五 Б）则全部采用形式三。应该强调的是，在介绍叶子外部结构的课堂上和学习叶子细胞结构的课堂上运用结合形式的频率基本相同。

我们将对比学生学习质量上的差别。表1包含学生正确回答和错误回答的数量（甚至还有未回答的情况）。

表1 课后单独面试时各种答题情况的数量

班级	叶子内部结构			叶子外部结构		
	正确回答	错误回答	没有回答	正确回答	错误回答	没有回答
五A	42	2	11	36	1	13
五Б	23	6	26	26	3	21

两个平行班学生的学习质量的差异第一课要比第二课大得多。因此，课上采用结合形式一学习叶的内部结构时（对客体进行精细地分析）的效果，比在内容为介绍叶的外部结构时（相对粗略地分析）要好得多。

结合形式一的效果程度上的差异还能在向小学生介绍客体外观时表现出来。

实验班对知识和技巧的掌握

反映知识和技巧掌握情况的真实材料都是在多年对其进行研究的过程中搜集的。我们拥有的资料内容包括掌握俄语、数学、自然、科学、历史、劳动、绘画、唱歌等各方面的知识和技巧。所有这些资料都说明实验班学生的知识和技巧的掌握情况要超过普通班的学生。

我们对比一下实验班学生和对照班学生学习《非生物界》课程时对两个问题所作的有代表性的回答。

问题：如何将浑浊的水变清？

丹妮娅（四年级普通班的一名优等生）：我们将浑浊的水经过吸墨纸倒入另一个杯子中，就得到了清洁的水。吸墨纸吸收了脏水。

加丽娅（三年级实验班中的一名中等生）：为此我们需要一个过滤器。可以用吸墨纸来做。我们取一份浑浊的水，把它倒入过滤器，泥沙会留在过滤器里，而清水则会漏下来。

再看对另一个问题的回答。问题是：什么是自然界中的水循环？

加丽娅（四年级普通班的一名优秀生）：水向上升，然后聚成乌云，并滴落到地面。

萨沙（三年级实验班的一名优秀生）：晴天的时候，太阳晒着，水就开始蒸发成雾。这个现象白天看不出来，而晚上则能看出来。当雾上升就形成云。风吹着云跑。当云遇冷后就会变成水，并以雨的形式降落地面。雨后一部分水渗入地下，一部分汇成溪流流入河流和大海。这个过程会反复进行。因此称之为循环。

这几个答案说明了对比的班级的学生掌握知识的特点。普通班学生的知识是模糊的、简略式的，不能正确反映相关现象（“水向上升”）。对所获得的知识曲解得厉害（“脏水被吸墨纸吸收”）。

和按传统教学法原则来教的普通班学生不同，实验班学生具有条理清晰、详细具体的特点。从回答中能清楚地看出他们对所学的现象和现象之间关系的正确理解。孩子们流畅地、思路清楚地阐述了他们所掌握的知识，没有照搬课本上的定义。

对历史知识的掌握（丘特科的研究）也表现出这些特点。同一篇历史材料，既给小学时按传统方法教的六年级普通班学生讲，也给按教育发展实验室系统来教的实验班学生讲。历史材料的特点是，材料中有各种逻辑联系，一个事件以另一个事件为条件，同时还有各事件发展的时间顺序。保证所学材料中事件之间的联系是掌握历史知识所具备的特点。

表 2 反映了知识还原的结果（还原的每个知识点占还原所给材料知识点总数的百分比）。

表 2

班级	还原逻辑关系	破坏逻辑关系	
		误差不大	完全不合逻辑
五年级实验班	94%	5%	1%
六年级普通班	30%	48%	22%

该表表明，实验班学生和普通班学生之间存在巨大差异。还原历史材料中的差异证明实验班学生掌握历史知识的质量高。在还原材料时起作用的是快速弄清楚所给材料，理解材料内容，懂得材料各部分之间的逻辑关系。

下一个问题是，掌握技巧方面的情况如何呢？我们以能反映拼写技巧掌握情况的真实材料为例。实验班学生的优势不仅表现在听写中平均错误量比普通班学生低得多。还表现在这两个班所犯错误的作业数量的对比上。表 3 列举的是有错误的作业量占该班作业总数的百分比（莫斯科第 172 号学校四年级实验班和五年级普通班的学生做了同样内容的听写）。能看出，实验班几乎一半的学生在听写中一个错误没有。五年级普通班只有少数学生在听写中没犯错误。

表 3

班级	全对	1～3 个错误	3 个以上错误
四年级实验班	46%	38%	16%
五年级普通班	7%	63%	30%

听写和作文中错误量的对比也很能说明问题。毋庸置疑，真正的拼写规范在作文中比在听写中更能有所体现。在题目相同的一篇作文中三年级实验班平均错误率为 3%（错误数相对作文中平均单词量的比值），而普通班则为 7%。

在整个小学教育阶段实验班学生的优势都非常明显。这个优势在五年级教学内容变得更为复杂时也依然能够保持。表 4 可以证明这一点，表中列举的数据是听写中的错误量（每个学生的算术平均数）。

表 4

班级	二年级	三年级	四年级	五年级
实验班	1.2	1.6	1.7	1.9
普通班	1.3	3.5	3.6	3.0～4.1

最近的几次检查也提供了相似的结果。例如，1964 年 4 月根据俄罗斯苏维埃联邦社会主义共和国教育部的指示，由视察员对图拉和加里宁各学校的实验班进行全面的检查。检查的项目有听写、看图作文、算术题和劳动任务。任务的难度都很高。一共检查了 18 个班级。作为对比，同样的检查项目也分配给了有经验的教师所教的普通班的学生。在各个检查项目上实验班所取得的成绩都高于同年级的普通班，但并不总能高于高年级的普通班（例如，二年级的实验班对比三年级普通班）。由三年级实验班学生和四年级普通班学生完成几何题的结果很能说明问题。

我们列举几个情况，表 5 是听写中的平均错误数（平均到每个学生的算术平均数）。

表 5

班级	平均错误数
二年级实验班	1.3
二年级普通班	10.1
三年级普通班	3.1

算术题很难，并且在整个一学年中学生都没解过类似的题。因此，在分析解答时，关注的不仅是结果是否正确，还有解题思路，有些学生解题思路正确，但没有得出结果，因为学生没来得及算完或者计算中出错了。这些情况都算作解答部分正确。有些学生思路是错误的，说明没有完全了解解题方法。这种情况在表6中和未作回答的归为一类。

表 6　　结果分类（%）

	结果		
班级	解答完全正确	解答部分正确	思路错误或未作回答
二年级实验班	45	34	21
二年级普通班	0	31	69
三年级普通班	13	28	59

从表中可以看出，实验班学生存在优势。

在完成劳动任务时，最重要的是学生在动手制作东西前能计划好所面临的操作的各个步骤。这里需要区分两种情况，一种情况是学生能计划好所有的步骤，另一种情况是学生只计划好部分步骤。分类情况见表 7。

表 7 完成任务分类（%）

班级	计划好所有步骤	计划好部分步骤
二年级实验班	63	37
二年级普通班	36	64
三年级普通班	40	60

1964～1965 学年末在各实验班进行了几场测试。一年级的孩子们要写一篇题目为《早春》的作文，二年级的作文题是《春天和夏天》，这两个年级和其他几个年级都还解了算术题。

我们举几个例子来说明学生的拼写规范情况。

对于一年级，分析了来自莫斯科、喀山、图阿普斯、卡什塔库尔干斯克这几个城市的学校的作文。平均每个学生错 0.5 个（根据上述规则）。

对于二年级，分析了来自高尔基市、罗斯托夫·顿河市、图拉市、伏尔加格勒市、古比雪夫州、戈尔科夫斯卡雅州，还有来自莫斯科州奥姆斯克州农村和镇上的学校的作文。平均每个学生错 1.5 个。大家都知道，通常作文中错误量比听写中要高得多，根据文献资料听写的平均错误为 2.3～2.9 个（三年级的学生）。

因此，实验班的拼写规范性很强。我们来看看解算术题的相关数据（还是这些学校的）。一年级实验班 80％的学生都解答正确，剩下的 20％学生都解题正确，但计算结果出错了。二年级 95％的学生解答正确。

1965～1966 学年末在很多边疆区，俄罗斯苏维埃联邦社会主义共和国的很多州的很多实验班进行了听写测验。我们通报一下听写结果。阿尔泰边疆区 54 个一年级班听写平均错误量（人均）为 1.5 个，戈尔科夫斯卡雅州 29 个一年级班的平均错误量为 0.9 个。

应该注意的是，实验班的俄语课不像普通班每周有 11～12 个学时，而是从一年级开始缩减为每周 9 学时。同时，所用大纲也比普通班的更难，不是四年学完，而是三年。因此，用于形成拼写技巧的时间比用传统教学法少得多。

我们来看掌握音乐知识和技巧的总体特点。在实验班特别重视音乐课，这符合该系统的整体性。主导思想是培养音乐感受。这些感受的灵敏性为教育过程中音乐感的进一步培养打下基础。

实验班学生在这项学习上有什么进步呢？

我们以实验班学生完成两项任务的结果为例，这两项任务分别是：听记音高和节奏；在音阶上“反复唱”。

1. 听记任务内容是，先将所听到的旋律的每个音按高低记录下来，画出表示节奏的符号，这个任务相当难，要求学生自觉运用音乐听觉。

17 个参与听记的学生中，完成上述任务优秀的 6 人，良好 8 人，合格 2 人。

2. 在音阶上“反复唱”（主三和弦音上逐渐移动和转调）完成优秀的 11 人，良好 3 人，合格也是 3 人。

我们还测试了那些受到细致观察的学生的进步情况。测试表明他们进步很大。

在二年级末的时候，对于那些刚开始学校教育时五音不全的孩子来说，完成这些任务的结果表示出特别的意义。例如，米佳在一年级的时候即使伴着钢琴一首简单的儿歌都能唱得完全走调，在二年级末的时候他能准确地清唱了，能精确区分全音和半音。这名同学甚至能看着谱子唱歌，能听辨出大三和弦和小三和弦，分别唱出里面的音。

知识的掌握和学生的发展

在教学论中非常详细地说明了在掌握知识和技巧上取得良好效果的途径、方法和手段：教学原则、激发学生的学习积极性、教学方法、巩固方法、知识的检测、课堂和家庭作业。至于说到学生的发展工作，那么各教学论著作的作者都提出了教学影响学生的智力发展，也在部分教师经验的基础上研究了发展工作的某些问题①。

① 达尼洛夫、叶希波夫：《教学论》，莫斯科：俄罗斯苏维埃联邦教育科学院出版社，1957 年版。

在教育和发展实验室所进行的研究中，知识和技巧的掌握是作为教师工作的结果来研究的，这项工作不仅传授知识，训练技巧，还首先要以学生的普遍发展为目标。我们相应地区分出了达到掌握知识和技巧的直接和间接途径。直接途径是学生获得这门学科或那门学科的一定知识，完成掌握该学科技巧所必需的作业、练习。间接途径就是学生自身发展的进步。

当然，问题的关键不是在一套教学体系中只体现直接途径，而在另一套体系中只体现间接途径。任何一项教学，包括不是专门为取得学生高水平发展而制定的教学，结果都能带来某种发展。自然，学校教育不可能不向学生传授一定的知识，不完成以掌握知识和技巧为直接目的的作业和练习。各种教学论体系的差别在于直接途径和间接途径的对比关系是怎样的。

这一点在小学普遍实行的小学教育传统教学法和实验系统之间的差别中可以体现出来。在传统教学法中突出表现了直接途径，因为它的制定目的不是要取得学生的高水平发展。根据传统教学法设计的教学对发展的影响是自发发生的。在教育和发展实验室制定的新的教学论体系中，间接途径是保障高质量掌握知识和技巧的必要条件。

间接途径在小学教育实验系统中的作用能被证明学生发展和掌握知识之间存在内部联系的真实材料所证实。

为了研究知识和技巧的掌握，我们利用各种不同的研究方法和研究手段。主要是课堂观察。课堂记录尽可能做到更细致，然后从各个方面进行分析。我们拥有莫斯科市第 172 号学校一整个实验年级小学教育阶段几乎所有课堂的记录。在教学过程中进行了非常大量的测验。总之，对每个学生几年来的知识和技巧的掌握情况进行了仔细研究。因此，既能够提供班级掌握知识的整体情况，也能弄清楚单个学生的个性特点。这非常重要，因为在已有的文献中，通常反映的是某一个班整体掌握知识的情况，或者反映的是学习成绩程度不同的学生掌握知识的情况，如差生、中等生、优等生。当说到掌握知识和发展之间的关系时，掌握知识的个性特点起着特别重要的作用。

在这方面可以大量对比知识的掌握和说明学生普遍发展特点的资料。我们以在研究发展观察力和思维能力中所获取的事实为例。

为了仔细研究观察活动的变化，在教学的第一学年初和第二学年末给孩子们布置了相同的任务。这种研究方式也同样适用于研究思维的发展。

我们将对比两位学生的发展和知识的掌握，一位是能力发展强，成绩优秀的学生伊戈尔，另一位是班上学习最差的尼娜[①]。教学第一学年初在观察一只鸟的标本时，伊戈尔主要是以客体的颜色特征为主线。一年级实验班大多数学生都是这么描述鸟的，同时，也能发现，少数同学有更高水平的观察力，能概括客体多方面特征。但伊戈尔对该客体的认识比班上其他同学更细致。他指出了鸟身上的八个部分的特点，共用了 13 个表述，对这个年

---

① 反映实验班学生发展的研究结果——赞科夫：《学生在教学过程中的发展》，莫斯科：俄罗斯苏维埃联邦教育科学院出版社，1963 年版。

龄来说，这项指标是最高的了。伊戈尔能指出颜色上相当细微的差别，色调的过渡（“褐色的爪子，又好像带点黄”“尾巴先是灰色的，然后又是黑色的”）。

在研究思维的实验中，在教学第一学年初，伊戈尔也处于完成任务水平最高的学生之列。

布置给他的题目他也能解得比同班其他同学要好得多。伊戈尔能同时根据两个特征（形状和大小）正确地挑出和所给样品搭配的几何体，但却不能说出这么做的道理，就是说，他不清楚根据什么特征来挑选物体。

到第二学年末伊戈尔在发展上有了很大进展。比如，在观察客体的过程中他已经能看出各种类型的特征，不仅是颜色，还有形状、大小，以及其他特点类型。在对鸟的描述中伊戈尔不再局限于身体各个部分的特点，还会说出总的特点。例如，他说：“它和其他鸟一样，三个脚趾向前，一个脚趾向后”。同时，和该班其他几个先描述许多细节特征后总述的同学不同，伊戈尔先指出总的特征，然后将其进一步具体化。

伊戈尔在思维方面有本质上的提高。在第二学年末进行的实验中，伊戈尔正确挑选出了几何体，并说出了这样挑选的理由。

因此，在学校的两个学年时间里伊戈尔在发展上有了巨大的进步。如果说在刚入学时他的观察力和思维的发展水平比班里大部分学生稍高的话，那么到第二学年末伊戈尔已经在发展上处于第一名的位置，或者接近第一名。因此，两年时间里伊戈尔的进步超过了该班很多同学。

伊戈尔掌握俄语知识和技巧的情况（波利娅科娃的研究）证明了他具有独立概括语法现象，区分和对比某些知识的能力。如对比名词各种变格产生的格词尾，独立表述前缀的书写规则等。伊戈尔在从句子成分和词类两方面分析句子时能自如地运用“句子成分”和“词类”概念。伊戈尔的特点是将有概括特点的事物或现象之间建立联系，也能灵活地从抽象的概念过渡到具体地运用知识（例如，会解释单词的正确书写）。

伊戈尔在掌握语法知识上取得巨大进步的同时，在掌握正确书写方面也有着快速的进步。在二年级时，书面作业中每100个单词平均错误数为4.7，而三年级时则为2.8。到下一个年级平均错误数更少：四年级时，平均错误数是2.5。值得一提的是，对于因混淆相似的拼写规则而造成的错误伊戈尔从来不犯。

如果从伊戈尔所犯的错误中去除因没学过的规则而造成的错误，那么在叙述和作文中每100个单词的平均错误数（2.6）几乎和听写中的（2.0）差不多。对比这两种书面作业中的错误量非常重要。在我们的这些班中写作文是没有特别准备的，无论是词汇上、拼写上，还是内容方面都没有。学生们广泛地运用单词来描述自己的感受、思想、感情。往往会遇到非常难写的单词。如果听写中和作文中平均错误量差距很大的话，这证明形成规范书写是薄弱环节。伊戈尔不存在这一点：他作文中和听写中的平均错误量几乎一样。

这一情况也有力地说明了伊戈尔所养成的规范书写技巧不仅是当把注意力集中到拼写上时（听写中）才发挥作用，而且在主要任务是表达思想和感情，描写所见事物时也能表现出来。

因此，将伊戈尔的发展过程和他掌握俄语知识和技巧的能力进行对比可以断定，在发展上所取得的进步可以在掌握俄语材料中得到体现。伊戈尔在前两个学年中，分析能力和概括能力发展上的巨大提高为独立概括语法现象，区分和对比某些知识，自如地运用语法概念打下了基础。非常有可能，正是因为伊戈尔在发展上的巨大进步，他才能将有概括特点的事物或现象之间建立联系，才能灵活地从抽象概念过渡到具体地学习语法材料上。

能说明发展和掌握俄语材料之间有联系的证据还有，在伊戈尔的发展过程中的时间段和他掌握拼写的时间段的对比。前两个学期中伊戈尔在发展上有急剧的快速进步。在第二个学期，上文已说明，伊戈尔书写作业中的错误量大大地减少了。

现在我们来看看另一位女生的资料，该班级中发展最弱，成绩最差的尼娜。

在第一学年初尼娜的观察力水平属于少数几个几乎不会观察客体，描述得很干巴、片面的学生之一。

在研究思维的实验中，尼娜不仅不能解决任务，而且不能正确理解任务。挑选搭配样品的几何体时很混乱。搭配所给样品时她挑选出的是各种不同的几何体，并且没有一个特征统一的挑选原则。一会儿挑出的是颜色相同的，一会儿挑出大小相符的，有时又挑出没有任何共同特点的物体（例如，高的红色的圆柱体，矮的蓝色的棱柱体）。

在研究高级神经活动中发现，在尼娜的身上，抑制过程和刺激过程都不活跃，且抑制过程比刺激过程占优势。

在第二学年末的实验中尼娜明显对所观察客体表现出较大兴趣。分析客体能力有很大提高：表现出渴望了解客体的细微之处。这表现在句子表达数量的大幅增加上（几乎是原来的两倍），还表现在发现了客体的相当细微的特征上。

至于说到思维过程，两年来也有进步。现在尼娜的行为中没有了第一学年初所表现的那么明显的杂乱无章。尼娜能根据一定的特征来给样品选配物体：白色的物体搭配白色的样品，黄色的搭配黄色的，绿色的搭配绿色的。但是，在第二学年末尼娜不能解决所交给的任务：她不能以重要特征为原则给样品挑选合适的物体。

和伊戈尔的对比表明，在发展方面尼娜和伊戈尔有很大区别，不论是在第一学年初，还是在第二学年末。但是，她两年所走过的发展道路意义也很重大。

尼娜在语法学习上具有下列典型现象。她掌握学习材料很困难。在过渡到新材料时很长一段时间里区分不了词的范畴，词的变化。例如，她不能从一列同根词中找出名词和形容词，不能区分变格特征，会弄混各个格的名称和变格类型。

至于正确拼写，尼娜总是在相似的规则上犯错。二年级和三年级时所写作文中的平均错误量要比听写中多。因此，尼娜在二年级和三年级时正确拼写方面的进步小，同时表现出分析和概括能力弱。

第三学年初尼娜在掌握语法上有明显的重大进步。四年级时作文和听写中错误量大大地减少了（几乎是原来的一半）。如果我们还能记得在前两个学年中尼娜在分析性观察、抽象和概括能力的发展上有巨大的进步的话，那么，我们将会看到，这种时间上的一致有力地说明普遍发展上的进步和掌握知识上的成绩之间存在内部联系。掌握语法知识过程本身使这一论断得到了加强。

在巴甫洛娃的研究中指出，低年级学生能够要么从意义角度，要么从语法形式角度去观察词。这两个方面都能兼顾的只有最优秀的学生才能做到。应该强调的是，巴甫洛娃研究的是按普通的传统的教学法来教的学生。

尼娜在三年级的时候已经能同时从上述两个方面观察词了。但是，要知道，尼娜是班里最差的学生。因此，实验教育确实能给孩子们的普遍发展带来重大进步。甚至最差的学生都可能学会这种观察单词的方法，这在使用普通教学法的条件下是不会出现的。

学生在掌握知识和技巧提高上的特点也值得关注。通常认为这种提高是逐渐的，有时快点，有时慢点。而我们的真实材料表明，知识的掌握往往是跃进式的。在波利娅科娃的上述研究中引用了许多能证明学生掌握俄语知识时具有这种提高特点的实例。我们来着重研究一下其中一个相关的实例。

尼娜在二年级学年末在理解单词语法范畴的划分方面取得了很大进展。这种巨大提高不仅表现在普遍发展的进步上，还表现在学习俄语的过程中。当时班里正在强化学习句子成分的划分。显然，新的学习方向促使她要理清各个语法概念之间的内在关系，之前这些概念在意识中只是以顺序排列的要素形式出现的。

证明尼娜在掌握知识上有很大进展的实例具有原则上的意义，因为这个小姑娘是低年级最差学生的典型代表。在普通教学法条件下这样的学生在学习上会越来越落后。给落后的学生补课只会使情况变糟。要知道，学习差的学生特别需要进行强化发展。他们在掌握知识和技巧上的落后归根到底是因为发展水平低，而杂乱的大量训练练习会抑制发展，没有这些练习发展就已经很缓慢了。

对尼娜的发展和掌握知识的分析充分证明了一个论题，即，对最差学生普遍发展进行系统地开发不仅在发展方面有很大成效，而且也为掌握知识和技巧建立了良好的条件。

普遍发展和掌握知识之间的关系特点，一方面在优秀学生和差生身上具有相似性，同时，在这两种学生身上又有本质区别。尼娜掌握知识和技巧的起点要比伊戈尔的低得多。到第二学年末尼娜的发展水平只大致相当于伊戈尔的第一学年初。同时，尼娜和伊戈尔所学的教材是相同的。但是，知识的掌握，知识的深度，而主要是掌握知识具体实现的过程，这几个方面在这两个孩子身上都有很大区别。这里的问题不单是速度，即，尼娜细分相似的语法现象和规则，甚至形成概括能力都比伊戈尔迟。

尼娜和伊戈尔在掌握相同学习材料时所走的道路是有区别的……尼娜在认识语言现象和掌握规则时所走的道路比伊戈尔更为混乱和曲折。同时，他们两个人掌握知识和技巧方面提高的特点和用普遍的传统教学法教的学生也有所不同。尼娜和伊戈尔掌握知识情况的大量事实清楚地说明了这一点，如，同时从词法和句法角度认识语法现象，并且从语法角度观察单词，这些上文已说过。

第四章　教学论科学的发展途径

上文我们研究了教学中的整体和部分之间的相互关系，以及教学任务、教学方法和取得的成果之间的联系，在这些研究中我们都涉及了教学论研究中的综合的视角。

研究教学论问题的综合法可以采用各种不同的形式。非常重要的是研究多种教学方法，其结合点都是和学生个性特点有联系。到目前为止教学论的研究对象要么是某种教学方法，要么是针对班级整体的教师的全面工作。教育学和教学论著作中出现了个性化对待学生的一些问题。在这方面教师也有不少有意义的做法。但是，相关的问题应该成为重大实验教育研究的客体。

解决苏联学校面临的复杂的极为重要的任务，必须要以合理联系集体教育，科学地深入研究个别对待学生的问题为前提。这对完成青年全面发展任务特别重要。在实验研究教育和发展问题时我们非常重视学生的个性特点。我们希望在研究这些特点的基础上能找到学生发展的各种情形。这样就能在特定的视角下研究教育教学过程，并确定什么样的教学方案对取得学生普遍发展和掌握知识技巧的高水平来说是可行的和必需的。

为了建立这些教学方案，必须突破教学论的束缚。在进行教学论研究时，不能满足于考虑教育工作中已有的规范和原则，仅仅将这些已有规范和原则嫁接到新的教学论观点上。问题的实质是，要研究教学方法和教育工作方法的结合；正是这种结合能形成教育教学过程的某种方案。

在这些情况下教学论确定引入综合法新形式。教育教学过程的这种综合研究条件早就已经成熟了。

和教学相比，教育学理论著作中强调的是教育工作的特色[①]。当然，区分教学和教育不仅完全合理，而且有必要。但是，这不应该导致教学论问题和教育工作一定要分割开来研究，有些科学任务就其本身来说需要综合研究，特别是教学论问题和教育问题。建立符合学生发展情形的教育教学过程方案就属于这类科学任务。

教育学和心理学

在讨论教学论研究对象问题时，不能不注意，到目前为止是如何解释教育学和各相邻学科之间的相互关系。

教育学教科书和教程中定义教育学和心理学关系的性质时，

---

① 凯洛夫：《教育学》，教育书籍出版社，1956 年版。

作者们通常使用依据这一术语。例如，在一本教科书中关于教育学和心理学的关系这样写道："在研究许多教育和教学问题时必须借助心理学知识。普通心理学和发展心理学为教育学提供了依据，因为，在教育过程中必须要懂得不同年龄段儿童的心理活动和心理发展规律。"同时指出，普通心理学和年龄心理学"也要以教育学为依据，因为，如果不在教学和教育过程中研究儿童，就不可能完全地、全面地了解儿童的心理发展规律，教育和教学是儿童发展的重要因素"①。

在所引观点中"依据"一词被理解为使用心理科学中积累的资料。用这样一个例子可以准确地解释教育学和心理学之间的关系：以了解儿童概念形成的心理为基础，教育学深入研究的问题是，用什么方法能使儿童形成清晰的概念，这需要根据该年龄教育程度制订这门或那门学科的教学计划②。

对于教学论和心理学之间的相互关系基本上也是这么解释的。"教学的方法和内容问题，如果不懂儿童的心理发展特点，是不能正确解决的"——达尼洛夫和叶希波夫这样写道③。特别对儿童心理学和教育心理学又写道："在很大程度上，儿童心理学和教育心理学的资料，是解决关于这种或那种材料是否适合某一年龄学生掌握这种非常重要的问题的基础，以及解决关于这些

---

① 凯洛夫：《教育学》，教育书籍出版社，1956 年版，第 15～16 页。

② 凯洛夫：《教育学》，教育书籍出版社，1956 年版，第 16 页。

③ 达尼洛夫、叶希波夫：《教学论》，莫斯科：俄罗斯联邦教育科学院出版社，1957 年版，第 38 页。

或那些工作方式、方法是否适合儿童的问题的基础[1]。”

儿童的教育和教学应该与他们的年龄特点相符合的思想由来已久。根据各年龄的特点，夸美纽斯还制定不同的教育级别。后来像卢梭、裴斯泰洛奇等一些杰出的思想家的教育理念也贯穿了这一教育思想。

在乌申斯基的一些著作中这一思想表现得特别清晰、深入、透彻。乌申斯基认为教育应该建立在人类学知识的基础上，他总结了那些他认为应该可以用作教师活动的科学原则之一的心理学资料。同时，以这些心理学资料为基础他还形成了一系列重要的教育观点和原则，制定了小学阶段教授母语的教学法，编写了一些教科书。

先进的教育思想的进一步发展证明，在了解儿童特点的基础上制定教育教学过程的任务没有失去现实意义。这一任务往往没有被正确地提出和解决，有时甚至有明显的漏洞。但是，这个任务在教育理论和实践发展的三百多年来一直被提及，这一事实无疑是具有重大意义的。

因为在教学教育过程中教师要解决学生的心理活动朝着良好的方向发展这个问题，因此，懂得心理活动规律，了解儿童心理特点，对于合理制定教育教学过程来说至关重要。

苏联教育学在感觉和知觉、记忆、言语和思维、人之间的个

---

① 达尼洛夫、叶希波夫：《教学论》，莫斯科：俄罗斯联邦教育科学院出版社，1957 年版，第 38～39 页。

性差别等问题，以及其他的问题方面都提出了某些理论观点，并且掌握着大量的事实材料。外国先进学者的著作中也有很多有价值，有意义的资料。如果心理学的资料以应有的方式得到利用，教育学方面的科学著作和教程的内容毫无疑问会更加丰富，也更为深刻。

特别接近教育学的，自然是教育心理学的研究领域，即专门研究掌握知识和技巧，掌握行为规范和准则的心理，教育科学的一门分支学科的研究领域。仅仅作为例子可以列举出的著作就有《学校掌握知识心理学》，或者还有《儿童初等教学教育》[1]。这些以及其他一些关于该问题的著作都包含有科学材料，能直接运用于研究教育问题。

但是，即使心理科学所有有价值的原理都被用于建立教育学理论和完善教育教学实践，教育学和心理学之间的联系的问题依然存在。教育学和心理学之间的相互关系完全不受教育学是否以心理学科学资料为依据的限制。

苏联教师非常关注对学生的研究，这个事实意义重大。不认真研究学生的个性特点，不了解他们的内心世界教师就无法顺利进行教育教学工作，并进而提升自己，提高自己的教学水平。

像列·托尔斯泰、马卡连柯这样著名的教育家都曾教过儿

---

① 鲍戈亚夫连斯基、缅钦斯卡娅：《学校掌握知识心理学》，莫斯科：俄罗斯联邦教育科学院出版社，1959 年版；阿纳尼耶娃、索罗金娜：《儿童初等教学教育（一年级）》，莫斯科：俄罗斯联邦教育科学院出版社，1958 年版。

童，他们非常了解儿童，这并非偶然。注意自己学生的精神成长，关注他们行为举止的变化，了解儿童的内心世界，他们就是根据所了解到的情况来进行教育和教学的。同时，在和学生的交流中，引导学生成长的过程中，托尔斯泰和马卡连柯越来越清楚，越来越深入地了解到了儿童的内心世界。教育和认识儿童心理是密不可分的。

研究学生作为教师工作的有机部分完全是根据教育教学过程自身本质而得出的结论。教育教学的典型特点在于每一个教育影响都能带来一个结果，就好像“从学生的大脑中走过一趟”，即，能引起他这种或那种心理活动。

由此，为了揭示教育学和各相邻学科之间的相互关系应该要做出相应的结论。教育学和心理学之间的相互关系完全不受教育学以心理科学资料为依据的限制。当然，如果心理学的事例和理论观点在教育学问题和提高实践水平的科学研究中得到合理运用的话，教育学会受益很多。但是重点在于实验心理学方法和心理分析应该成为教育研究的有机部分。自乌申斯基教育活动以来到我们今天的这段时期，心理学大大地向前发展了。特别引人注目的是形成了心理科学的新分支——实验心理学。运用各种实验方法来研究感觉和知觉、记忆、思维和言语、人之间的个性差异等等。

教育研究者应该熟悉实验心理学的方法和手段，同时还应该认真研究和教育研究对象问题有直接联系的领域。不要机械地、形式化地让实验心理学的方法成为这种研究的组成部分，而是要严格根据那些需要解决的教育问题的特殊性，这很重要。

在各种出版物上就教学论问题经常谈到心理学家和教学论研究者必须合作。例如，在“教学论原理”中强调“更为有效的是心理学工作者和教学论研究者以共同研究同一个问题的形式进行合作”①。但是，在教学论研究中实际运用实验心理学和心理学分析几乎完全是空白。教育影响和所取得的结果直接相互关联。如何取得结果，即，如何掌握知识，如何掌握行为规范，依然是无从知晓。因此，通往揭示教育影响及其结果之间内在联系的道路被阻断了。

因为很多原因，教育科学和教学论仍然处于这样的状况。其中的一个原因是因为，好像在教育学范围内应该只进行教学教育过程的“纯教育学的”研究。根据这一观点，在教育学研究中心理学方法和心理学分析是多余的。对学生心理活动的研究，无论研究以哪种形式进行，似乎都完全是心理学家的活动范围。

解释教学过程中的客观联系能够实现，自然，不仅是通过运用心理学方法。由奥戈罗德尼科夫指导的一项工作就是一个旨在揭示教学过程中各种联系的教育学研究的例子。他在研究课堂效果中特别仔细研究并检验了以下各种联系形式：1. 教师讲解教学大纲中规定的内容，学生在课内、实验室、课外理解并巩固这些内容；2. 教师仅讲解主要问题，而学生独立学习所有内容；3. 教师在课堂上仅仅进行学习内容的引导和学习方法的指导，

① 叶希波夫：《教学论原理》，莫斯科：教育出版社，1967 年版，第 11 页。

学生在教师的指导下进行独立学习[①]。

※　※　※

多年来，对成长中的一代人的教育教学问题的研究中教育科学严重滞后的情况多次被指出。为了扭转落后局面，特别需要改变科学问题的研究方式，改变研究方法，改变和学校实践联系的性质。揭示教学和教育的客观规律具有特别的意义。

教育教学过程具有规律性已形成共识，但是，规律性被理解成了要求，这个要求要么是从教育目的出发由教学论方法得出的，要么是根据对教师活动的某些观察得出的。

教育学问题尤其是教学论问题的这种研究倾向对教育科学实践产生了负面的影响。教育研究中通常都不去发现新的教学、教育方法，也没有大胆地利用教学实验，根据对苏联学校所提出的任务，针对教育教学的工作实践合理地进行改革。

有两类学科，一类是制定实践规则的学科，另一类是发现这种或那种行为领域客观规律的学科，教育科学的这种状况是由于错误地将这两类学科之间对立起来造成的。这种对立现象十分普遍，科尔尼洛夫在他的一篇文章《心理学和教育学》中曾明确表示：心理学是研究心理过程如何产生的科学，而教育学的研究对

---

① 奥戈罗德尼科夫：《学校各学科课堂效果的主要问题和研究方法》，莫斯科：莫斯科列宁国立师范学院出版社，1961年版。

象则是该如何进行教育和教学[①]。

说到教育学和心理学之间的相互渗透，就会有一种担忧，这会不会造成这两门学科的混淆和混乱。这种担心是没有根据的。

教育学和心理学之间的界线可以用下面这个简洁的表达形式界定：在心理学研究中要研究生活条件——就儿童而言，首先是其所受的教学的条件——目的是解释心理现象，为了揭示心理规律和心理发展；教育学研究的是掌握行为规范，掌握知识和技巧，因此，研究心理活动的目的是揭示教育教学过程的规律特点，是为了揭示教育教学一定方式和手段的效果。

我们对教育学和心理学相互关系的看法与康德学说、实用主义，以及其他唯心主义哲学流派的各种观念是对立的。掌握知识的过程和教学方式之间的内在联系的问题被智力测验、计算“智商”和相关系数等不合理地取代了（1966 年在美国出版的《未来智力测验的问题》一书中说，在研究学生智力发展、知识和技巧的掌握方面智力测验起多么重要的作用）。这样虽然能获得很多数据资料，但是，用数字单位表示的现象仍然令人无法了解。

茅曼试图抱着科学实验的立场来解决教育学问题，这在当时起过一定的积极作用。但是，他的观点的根本实质是让人难以接受的。茅曼力图从心理学实验结果中找出教学方法。他甚至认为教育的目的和任务可以根据实验心理学的研究成果来做出规定。

---

① 科尔尼洛夫：《心理学与教育学》，载《苏联教育》，1945 年第 7 期。

其实，以教师的活动体现的教学和教育本来就有该领域特有的客观规律。纳入教育学研究的心理学有其从属的意义，它起到揭示教育规律的作用。

教学论中的规律与事实

科学的教学论是在研究教学实践及其改革的基础上建立起来的，这是无可争辩的事实。对实践的研究可以有不同的形式：研究并总结教师的先进经验，通过实验了解教学效果和解释“现成的”经验，或创造新的经验。

同时，教学论和整个教育学一样，服务于实践。这表现在针对实践工作建立一些标准。教学论指南和各种教学论问题的著作，就教师该如何教学生做出了指导和建议。例如，在解释谈话教学法时说，应当激起学生积极的智力活动，要正确确立谈话主题和具体的教学任务，对用什么材料，以什么逻辑顺序进行谈话要思虑周全，教师提问，学生作答都要遵守应有的要求①。

确立教育工作者进行工作的标准，在过去教育思想发展中也占有重要地位。正如科马罗夫斯基指出，教育学中表示对实际工作制定的标准这个意思时，“原则”这个概念使用最普遍②。

---

① 达尼洛夫、叶希波夫：《教学论》，莫斯科：俄罗斯联邦教育科学院出版社，1957 年版，第 287～289 页。

② 科马罗夫斯基：《论规律、原则、规则几个概念的演变及其在教育学中的相互联系》，载《苏联教育》，1947 年第 6 期。

该作者还指出，原则可以作为奠定教育学观点的主要基石。例如，裴斯泰洛齐把教育学原则划分成高级的、主导的和从属的几种。裴斯泰洛齐认为，在承认直观性是各种认识的绝对基础之后，他牢固地将其确立为教学的高级原则。

原则（该术语此处的意义）来自于某个哲学思想。例如，夸美纽斯教育理念中的遵循自然的原则即是如此。教育学原则和哲学观点的关系在过去很多其他的教育思想的杰出代表里也有明显的体现。

教育学中的原则具有一定的使命，其包含对教学教育工作实践的指导性指示。例如，直观性原则的含义是在教学中应该以学生对事物和客观实际过程及其映像的直接感知为基础。教育条例的规范性在针对实践工作的规章里表现得尤为明显，因为，和原则相比，这些规章是局部的指示。

教育指南和研究中包含有在教学教育实践中需要如何行事的指示，其合理性毋庸置疑。这种做法符合教育学作为教育儿童的科学的本质。教育研究工作的圆满结果当然就是针对实践提出的种种建议。自然，在所进行过的研究工作总结中应该指出，教师应该如何进行教学工作或教育工作。

但是，此时具有决定意义的是各种建议及其依据的性质。不可否认像学生掌握知识的自觉性原则或直观性原则具有一般规定的意义。这类规定中的每条规则都确定教师在教学工作中应该遵循的方针。同时，在实践中执行既定方针时不可避免地会产生一系列问题，例如，如何根据教育的年龄阶段、学习材料的性质、一定的教学任务等来运用直观性原则。

如何在这种或那种典型情况下运用教育学原则，当需要回答这个问题时，从教育目标或从哲学原理演绎推论不出一个浅显易懂的答案。即使对课堂观察结果感到满意，对所运用的原则也不会得到应有的令人信服的回答，更别说，在个别教师的课堂上观察活动进行得还缺少应有的体系。

为了正确地富有成效地实施教学原则必须懂得，通过什么途径才能取得一定的结果。然后，在此基础上，制定出既符合教学任务和学习内容的，又适合教学年龄阶段的教学方式和教学手段。否则，探索在实践教学工作中合理运用一般教育原则的所有工作就都落在教师的肩上。

当然，最好的情况是，教育科学能以应有的方式完成其既定任务，教师在教孩子们的实践工作中发现新方法并不断完善已有的方法和手段，完善方法体系。但是，只有当教学教育过程得到合理研究，其客观规律得到揭示，教师的创造探索才能有可靠的基础。不但如此，而且还将为这些探索工作创造广阔的空间和明朗的前景。

根据上文所述，能十分清楚地看出，在教育学中获取可靠的科学事实材料是多么重要。这是由一般方法论原理得出的结论。恩格斯说："我们都赞成，在任何科学领域，无论是自然领域，还是历史领域，都应该从提供给我们的事实出发，因此，在自然科学中，要从各种物质形式和物质运动的各种形式出发，从而，我们也赞成，在理论自然科学中不能虚构各种联系并将其放到事实中，而是应该从事实中抽象出各种联系，先找到它们，然后证明其存在，这一点可以通过实验的方法做到。”①

列宁无比准确地阐明了一般规律和具体分析之间的相互关系。他指的是马克思关于资本主义生产方式自我否定的原理。在《什么是“人民之友”以及他们如何攻击社会民主主义者》一书中列宁写道：“因此，在把这个过程称为否定之否定时，马克思没想从中证明它的历史必然性。与此相反，在历史已证明这个过程部分地确实已经完成，部分地也应该会完成之后，只是在这些都完成以后他才认定这同时也是一个按一定的辩证规律发展的过程。”②

总之，不能将事实“生搬硬套”到臆断的、有偏见的论断上。同时，为了获取事实应该确定一定的方向，可以根据对科学研究的一般要求，根据作为科学的教育学的特点以及正在研究的问题的特点。

尽管材料属于事实，没有材料就不可能建立科学，事实的积累绝对不是目的本身。之所以必需要有事实，是为了揭示所研究的现象存在的客观规律，而最终，都是为了完善人类实践的这个或那个领域。科学认识的各个不同的领域的情况就是如此。教育科学和教学论中的情况也应如此。

在各种教科书和指南中，在揭示教育学现象时都有提到对教

---

① 恩格斯：《自然辩证法》，载《马克思恩格斯选集》，第2版，第20卷，莫斯科：国家政治出版社，1961年版，第370～371页。

② 《列宁全集》，第1卷，第174页。

学和教育规律的认识①。同时也强调教师技能的作用。

为了弄清楚教师技能问题，应该要先研究一下把教育归入艺术的那些说法。正如大家知道的，乌申斯基认为，不论政治学、医学，还是教育学，严格意义来说，都不能算是科学（如果把科学理解为比较全面严谨地阐述某种现象的规律的话）。艺术，在乌申斯基看来，其目的不是研究不以人的意志为转移的存在，而是研究实践活动。乌申斯基说："任何一门艺术，当然有自己的理论，但是，艺术的理论不是科学；其理论不是阐述已经存在的现象和关系的规律，却是要规定实践活动的规则，并在科学中为这些规则找到依据。"②

在把艺术和科学进行区分时，乌申斯基写道："科学只研究存在着或存在过的东西，而艺术则追求创造尚不存在的东西，创造的目的和理想面向的是未来。"③

但是，其实，教师活动有要取得的目的，这完全不排除这个活动需要遵循客观规律。造成乌申斯基的错误的原因是将目的和取得目的的教师活动与其余的现实现象对立了起来。

---

① 达尼洛夫、叶希波夫：《教学论》，俄罗斯联邦教育科学院出版社，1957年版，第8页；凯洛夫：《教育学》，莫斯科：教育书籍出版社，1956年版，第4页；希姆比列夫、奥戈罗特尼科夫：《教育学》，莫斯科：教育书籍出版社，1954年版，第10页。

② 《乌申斯基文集》，第8卷，莫斯科：俄罗斯联邦教育科学院出版社，1950年版，第12页。

③ 《乌申斯基文集》，第8卷，莫斯科：俄罗斯联邦教育科学院出版社，1950年版，第12页。

教师教授、教育儿童的工作是目的明确的、有意识的活动，这个事实完全不否定这个活动遵循客观规律，即，不以人的意志为转移的规律（意思是主观条件性）。在实践活动中，教师遵循教育学制定的原则、要求和规则，根据总体情况（教学内容的特点、班级的组成、学生的个性特点等等）找到教学教育工作的方式和手段。

因此，在实践活动中，教师在某种程度上按照客观规律行事，就像是在摸索科学尚未发现的规律。如果教师的活动与这些规律背道而驰，他就不会取得任何积极的结果。在教学教育工作中取得成绩的教师，其行事比其他教师更符合教学教育过程所遵循的客观规律。若非如此，对先进经验的研究和总结就不可能被用来建立教育科学。

许多教学和教育的客观规律尽管还没有被发现，但优秀的教师能在教学教育工作中取得成功也是有依据的，这种情况在现实的其他领域也有。在现象所遵循的客观规律被科学揭示和被自觉运用之前，人们的实践活动也这样那样地符合这些规律。

但是，规律的发现极大地加强了人控制自然的能力。同样，教学教育过程所遵循的规律的发现也大大地提高了完善教学和教育的可能性，挖掘教学教育过程的核心潜力的可能性。

像在现实的其他领域一样，教学教育客观规律的发现靠的是准确预见的方法，因而进行有效的改革和改进实践工作。

教育学论著究竟是如何回答儿童教学和教育的领域，关于教育技能和科学之间的相互关系问题的呢？在一本教育学课本中我们可以读到这样的一段话："教育学用教育理论武装教育机构的工作人员和父母们的同时，还为提高教育儿童和青年的技能提供实践指导。"①

但是，在我们的教育学教科书和指南中，和在教育学方法论问题的专门著作中一样，教育科学和教育技能之间的相互关系没有得到清楚明确的定义。因为没有做到这一点，就仍然留有漏洞，让人认为，教师工作中有违背科学的东西，以及还有不合理的，不遵循客观规律的东西。这不由得让人怀疑，教师工作中的创造、艺术是否应该成为科学分析的对象。

这种怀疑当然没有任何根据。和真正现实的所有其他的现象一样，教师的整个活动都可以也应该成为科学分析的对象。但是，为了顺利完成这项任务，研究教师活动，应该和研究其他现实现象一样，有时从这个方面，有时从另个方面合乎逻辑地进行抽象。

教师之间会有差异，就是不同的教师具有的工作风格，把教师之间的这些差异抽象出来有很大意义。工作风格取决于，该教师之前进行的教师活动是如何定型的，还取决于他形成了哪些教学教育的方法特点。一个教师的工作风格和他的思维方式、气质和性格特点，甚至还有其他具体的个性特点都有着千丝万缕的关系。

当科学任务是要揭示教学的一般规律时，我们不得不暂时抽

① 凯洛夫：《教育学》，莫斯科：教育书籍出版社，1956 年版，第 4 页。

象出那些属于这个或那个教师的工作风格特点之间的差异。（我们提出这个观点，完全不是要否定多方面研究先进教师经验的意义。只不过那是另一项任务，要全面反映某教师经验的所有特点。）

揭示教学教育过程客观规律的途径多种多样且又复杂。同时，运用某些教学方法需要遵循的、教育科学需要揭示的客观规律具有哪些特点，我们对此能够预料，即使预料的只是初步的样子，大致的轮廓。

在教学工作中总有一定的目标，即教师要完成的任务。为了完成这项任务要采用这些或那些方法，在学生掌握知识和技巧方面以及普遍发展方面要取得一定效果。因此，规律会反映教学过程中这些要素之间的客观必然联系。

我们以教学方法问题为例。发现将这种方法和另一种方法区别开的最主要的特点非常重要。能够较准确地确定取得的结果的质量和数量，也同样重要。

但是，这还远远不够。为了揭示所运用的教育方法与其产生的结果之间的内在联系，应该必须研究掌握知识和技巧的过程，即研究教师运用某个方法和手段时学生头脑中发生了什么。其次，揭示客观规律必须要以比较研究完成某个教学任务时运用各种教育方法的效果为前提。

因此，看来，客观规律将包含在揭示学生心理活动特点的基础上对教学方法效果对比的表述。

大家知道，教师取得的具体结果取决于综合情况，包括知识修养、经验和教师工作风格、该班学生具有的知识特点和发展情况等等。正是这种独特的复杂性以及各种依赖关系的相互交织才使得揭示教学客观规律的意义特别重要。

经常有人指出这种或那种教学方法效果具有相对性。据说，同样一个教学方法，由一位经验丰富的教学有创造性的教师使用，能取得突出的效果，而由另一位不具有这些品质的教师使用则效果低下。当然，生活中常有这样的事。但是，这完全不能推翻为了教学工作实践的重大进步而揭示教学方法效果客观对比的决定性意义。就完成同一项教学任务来说，如果能作为普遍意义的联系十分可靠地发现某个教学方法比另一个方法有效得多，那么为了排除其他环境对取得结果的影响就要设立必要条件。

揭示教学过程中的联系和依赖关系

在揭示教学过程的规律特点时所采用的一个方法是研究清楚教学过程的各个方面之间的依赖关系。一定的依赖关系把教学方法和教学过程的其他方面联系了起来。其中重要的一点是教学方法对学校教育内容的依赖性，大家知道，教育内容是由教育儿童的目标和任务来确定的。在一些教育学论著中也表明教学方法取决于学生所掌握的知识类型以及最近的教学目标：使学生了解新知识、完全掌握新知识、检查新知识的掌握情况（佩罗夫斯基）。这些教学目标在教学过程的各个阶段和环节都存在。

当然，以上并没有列举教学方法和教学过程其他方面的全部依赖关系。

应该强调的是，“依赖性”这个概念涵盖现象之间存在的各种类型的依赖关系。因此，教学方法和教学过程其他方面的依赖关系问题需要特别深入研究。

上文提到教学方法取决于最近教学目标。应该提出一个问题，这个依赖关系是什么类型的。如果指的是佩罗夫斯基在著作中表述得特别清楚的，使用非常普遍的教学方法的分类，那么这个问题的答案只有一个：这里的依赖关系就是适合还是不适合使用该方法来达到某个最近的教学目标。例如，钻研课本适用于学生学习新知识，适用于完善知识，但不适用于检查知识，等等。

这种依赖性也表现在教师讲解和直观方法的结合方式上。但是，这适用于教学过程同一环节内部的教学任务，具体指讲解新知识。下文我们将使用到的两个术语及其含义分别是：“最近教学目标”，指教学过程环节（讲解新知识）；“教学任务”，指某环节内部的部分任务（研究客体外观、现象间的联系和关系）。

但是，刚弄清楚了这种依赖性，就又产生了一个问题：那些完成同一个教学任务或目标所运用的教学方法相互之间有什么关系？如果从这个角度来分析教育学的教学指南和专门研究该问题的专著就会明白，教学方法之间的相互关系是以指明它们的区别的形式来揭示的，而且主要是简单描述每种方法的特点。

描述一种方法区别于另一种方法的特点当然是必须的。但是这还不够，还应该确定完成同一个教学任务或目标所运用的教学方法之间有什么样的相互关系。

遗憾的是，在教育学论著中这个问题要么根本没提，要么一带而过，没有把这个问题作为重要的科学任务加以解决。同时，如果方法之间的基本相互关系没有得到揭示，那这些方法在理论层面就不可能得到足够深刻地理解，而这会导致旨在改善教学实践的教学论原理起不了作用。

通过研究能够确定教师讲解和直观手段结合形式之间的基本相互关系。教师讲解的功能在这些结合形式中有极大的区别，某种意义上来说，功能甚至是相反的：在使用这种结合的形式三时，学生从教师的口头讲解中获取知识，而在使用形式一时教师的话没有起到知识来源的作用，而仅仅只是学生自己获取知识的条件。在使用形式一和形式三时，直观手段的功能也同样有着极大的区别。因此，就形式一和形式三这两种结合形式可以说，作为教学方法它们是不能进行比较的（“没有可比性”的意思是根本不相同的）①。教学方法没有可比性的概念中一定包含这些方法用于完成同一个教学任务这个意思。

这些情况说明，确定教学方法取决于最近教学目标只是揭示教学方法之间相互关系的出发点，但确定两者之间的依赖关系本身没有揭示两者之间的相互关系。例如，教师的口头解释和学生钻研课本的作用都是取得同一个最近教学目标，就是学习新的教学内容，这个事实不表明这两个教学方法之间的基本相互关系。这种相互关系只能在专门研究教学过程的结果中表现出来。

---

① 赞科夫：《教学中的直观性和学生的积极性》，莫斯科：教育书籍出版社，1960 年版。

在方法效果的比较研究中必需要确定教学方法的相互关系。因为，研究这种或那种教学方法的效果只能通过对比研究的方法才能实现，即在对各种方法的结果进行对比的过程中。但是，只是那些相互之间没有可比性的教学方法的效果对比才具有理论和实践意义。

确定教学方法之间基本的相互关系并揭示其效果是十分重要的。忽视教学论中的这些问题以及片面地热衷于方法的描述和分类是教学方法问题和一些其他问题研究不够深入的部分原因。

总结教师经验时，找到中间环节使教师从一般教育原则中吸取最多的东西来完善教学实践非常重要。我们将用教学方法的材料来说明这一点。

在教育学课本中有提到，教学方法可以有形式的变化。例如，教师对教学内容的阐述不仅可以用讲述的形式，还可以用讲解的形式进行。这些变化都和各个不同学科的材料特点有关。例如，在学习语法规则、运算方法、数学新题型的解题方法时都需要用到讲解①。

这些建议没有超出告诉教师他该怎么做的非常一般的指示的范围，没有帮助教师弄清楚所推荐的教学方法和手段的实质。此外，提到方法形式的改变多少有些偶然性，缺少一定的系统性。这种情况下，有着广阔应用范围的教学方法的极其一般的定义和教师在每个具体情境中使用某个方法的单个现象之间依然存在巨大的空白区。

---

① 凯洛夫：《教育学》，莫斯科：教育书籍出版社，1956年版。

因此，教学实践固有的极大灵活性在科学中没有得到应有的反映，已经制定的一般教学论原则在实践中的运用也停滞不前。

实质上，对某些情况的描述并不能揭示教师所采用的教学方法的真正的丰富性，即使这些情况能提供最好的教学经验。要科学地反映这种丰富性，就一定要揭示这些情况多样性中的重要的相似性和区别，要分阶段进行概括。因此，深入研究教学方法理论的重要的任务之一就是突出每种方法的不同形式。这将反映一个观点，不要都去片面研究教学论问题的一般原理，而要将揭示所研究的教育现象中的一般原理和特殊原理和谐结合起来。

※ ※ ※

鉴于影响教学工作结果的条件较多，所以，应该运用什么方法，才能够揭示教学过程的某个方面和所取得的结果之间的有规律的联系，这个问题非常尖锐。为了完成所给的任务所使用的方法之一就是所谓的条件均衡。有了这个方法，就竭力对得到均衡的环境进行抽象，尽可能单纯地调查研究教育现象之间的联系，例如，一定教学方法的运用和学生掌握知识的质量之间的联系。

应该指出，条件均衡并不总能够实现。至于说到平行班学生构成的均衡，那么这一般无法做到，下面我们将证明这一点。

教育实验中的条件均衡在论述教育以及方法的著作中有反映（例如，Monroe，Good a. Scates）。刊登在美国出版的期刊《教育研究杂志》（Journal of Educational Research）上的山农

(Shannon)的一篇文章全面概述了各种教育实验的运用。分析了1909年到1952年期间发表的以教育实验为基础写出的上千篇文章之后，山农划分出了研究中所用的大量实验种类。同时，他提出，最常用的实验是在智力发展水平相同的学生组成的两个或更多的平行班中来研究某种教学方法。

进行这种教育实验是基于下列想法：所有的因素都是稳定的，除了被研究的教学方法，因为在平行班中各种方法都会被用到。因此，教学方法也是实验中的"变量"。

竭力通过实验获得证明所研究的教学方法效果的材料，这件事情本身，以及实验教育研究的广泛开展，都值得关注。但是，上文所述的这种形式的教育实验是行不通的。

均衡班级组成的方法在方法论上是错误的，在实践上也是没有效果的。上述教育实验中的这种均衡是通过智力发展水平测试达到的。对该班所有学生进行测试，确定每个学生的所谓"智商系数"，然后换算成代表该班整体组成的相应的数值。如果数值一样，就认为，作为研究对象的平行班的儿童智力发展水平一样。

我们完全清楚用于确定智力发展水平的测试的缺陷。这类测试是不可取的。并且在实践上这类测试达不到目的，因为对通过测试来确定智力发展水平的很多实例的分析都非常确信地表明，所谓"系数"不能反映主体智力发展的真实水平。

总之，在美国的很多研究中都采用的这种形式的教育实验，在条件均衡这一很难的环节上是非常薄弱的。实际上，可以同一个材料在平行班进行教学方法研究。课由同一个教师来讲授（如果是分科教学的班级）。但是，均衡平行班的学生组成是个绊脚石。综合来看，均衡实际上难以达到。

在教育实验中追求均衡所有条件的做法显然是站不住脚的，因为，这种追求违背了教学本身的性质。这种追求只一味地想模仿物理和化学这些学科中做实验的方法，却不考虑教育现象的性质特点。

如果教学法实验中的条件均衡违背教学过程的性质，并且，如果条件均衡实际上达不到，那么就产生了一个问题：不进行这种平衡，怎么样才行？解决的办法是有的，例如，排除进行实验时平行班的组成特点的影响。这可以通过交叉研究来实现①。

我们不可能详细地叙述交叉研究，我们仅指明这种研究方法的一个方面。我们以下列任务为例：通过和教师在课堂上展示相应实物进行对比来研究分发材料这种方法的效果。在进行交叉研究时按下列方式组织实验：

<table>
<tr><td>A 班
学生组成 M
方法一</td><td>A 班
学生组成 M
方法二</td></tr>
<tr><td>Б 班
学生组成 H
方法二</td><td>Б 班
学生组成 H
方法一</td></tr>
</table>

① 交叉研究过去都以别的形式用于其他目的，在实验心理研究中现在也经常用——作者语。

在两个平行班（简称为A班和Б班）的课堂上提出相同的教学任务，授课的内容相同。授课的也是同一位教师。在A班由教师展示实物（方法一），在Б班，使用分发的材料（方法二）。

对中、小学教学大纲的另一个问题我们也采用同样的处置办法，但是，现在改为，在A班，使用分发的材料，在Б班由教师进行实物展示。

在另外两个平行班我们的研究还是这两种方法，使用教学大纲的其他内容材料。如果前面排除的是班级学生组成的特点的影响，那么，现在排除的是学习材料的特点的影响。

之所以必须排除一定材料的影响，那是因为教学过程特别复杂。大纲的每个问题作为新内容来讲授只可能有一次。如果我们在同一个班返回到上过的内容，这就是复习，而不是讲授新知识。因此，不得不用另一份教学材料来检验某种教学方法的效果。如果在这些情况下，在掌握知识的质量上，一种教学方法带来了良好的效果，而另一种教学方法导致掌握学习内容的水平低，那就可以认为第一种教学方法的高效性和第二种教学方法的低效性得到了证明。

我们对组织实验进行了研究，目的是弄清楚教学方法本身的对比效果；既然提出这个目标，就需要抽象出一个班级和另一个班级的学生组成的特点。但是，这不表示，实验中抽象出的那些联系根本就不应该被研究。弄清楚其中一种教学方法比另一种教学方法具有绝对的优势后，就可以提出新任务，即揭示该方法的效果不因班级学生构成特点的不同而发生波动。

组织这类实验意义重大，但不能认为，运用这个实验能解决所有教学论问题。方法始终应该要符合所研究的问题的特点，只有这样方法才会有效。

为了研究某些教育学问题必须要组织不同的实验。可以以教育和发展问题为例。根据该问题的特点，需要调查研究在一定教学条件下同一批学生长期的发展情况。因此，这里不需要抽象学生组成，不需要为了这些目的运用交叉研究。同样，也不能单个地建立和研究教学过程的某个部分，因为这项研究的主要目的是建立教学教育工作的整体系统，以使学生的普遍发展取得优良效果。

但是，在这项研究中，我们利用的是科学实验方法的长处。在调查观察力、抽象思维、实际操作等几条线路的发展情况时，我们对学生个性的其他方面进行了抽象。因此，能够非常准确地确定设计教学过程的结果，也能够对学生的发展进行细致的质量分析。

在研究过程的一定阶段，我们对各个教师的工作特点进行抽象。这可以通过研究大量平行班学生的发展来做到。

一方为实验班，另一方为对照班，将两个班的教学过程、学生发展的进步以及学生掌握知识和技巧情况进行对比，这个对比子系统起着很大的作用。由于在依次展开的各教学阶段进行多方面对比，这为揭示教学过程设计和学生发展之间规律性联系创造了条件。

研究学生心理活动发展的几条路线时，我们还要把事实材料汇总并进行总结，归纳出每个学生的个性特点。这样，借助实验方法，在分析研究的基础上，对事实材料进行广泛地综合。揭示出每个学生各自的发展特点，即在相同的教学条件下发展的各种不同的结果。

教学法实验不是形式单一的。可以在班级常规条件下以试验课的形式进行，也可以由少数同学参与的实验活动的形式进行。试验课的准备和进行都带有实验研究方法所具有的所有特点。根据所研究的教学法问题，课堂上尽可能运用形式单一的教学方法。在几个平行班授课时，排除那些无法对等的条件的影响，保证所研究的讲授知识的方法在针对各种不同的材料时可以进行反复对比。由于试验课的这种安排以及运用一定研究方法，在一定程度上实现了实验法的优势，就是在研究教学过程一些特定方面的联系时，可以先暂时抽象过程的其他方面。

为了研究教学法，上试验课非常重要，因为研究可以在班级常规条件下进行。试验课在教学法研究中的意义很大，但也不能忽视各种教育实验形式的一些缺点。严格受大纲材料限制的上课内容，受大纲进度的限制，班级学生人数，教师可能会脱离所编教案等等，都对追踪所研究的教学方法和取得的结果之间的关系造成困难。

以上所指出的试验课的缺点在上实验课时会被克服，上实验课的材料是大纲的课题，从班上抽少数学生参与。实验课所研究的教学方法的特点可以表现得特别清楚，因为，研究人员可以不受上课的要求的束缚。例如，研究人员会从相应的上课内容中挑出有利于对比各种教学方法的部分。

在上实验课时可以灵活掌握某个教学材料的学习期限，此外，也不必受制于编写好的教案。最后，如果上这种课的学生数量不多，可以创造比在普通课堂上更多的有利条件来仔细观察每个学生。

实验课的特点是可以有些人为因素，因为教学是在非常规的班级环境中进行。这是这种教学实验形式的长处。同时，不要因为实验课的这一特点，就把它当作弄清楚教学方法和所取得的效果之间联系的唯一手段。

我们所研究的每个教学实验的形式，试验课和实验课，应该根据所研究的问题的性质来运用。在一定情况下上试验课要和上实验课可以适当地结合起来。例如，为了弄清楚在课堂上组织学生独立学习的各种方法的效果，必须要利用试验课。这个问题就其本质来说不能通过实验课来解决，因为在这种情况下全班学生参与是必备条件。

如果任务是要调查研究使学生能掌握有难度的技能和技巧而进行的各种口头指导（如综合的、分解的）的效果，那么必须将试验课和实验课结合起来。这里仅有试验课就不太合适了，因为必须要有特殊的条件，才能详细研究技能和技巧及其组成和结构，同时，仔细研究口头指导的特点和技能、技巧的形成两方面之间的联系。只有进行实验课才能保证有助于完成该研究任务的特殊条件。不论是使用相同的材料，还是使用不同的材料，这里口头指导的多种形式都是可行的。甚至改变、挑选和分配学生操作的器具和材料都是允许的。此外，进行实验课可以仔细地、详细地观察每一个学生。在解决上述任务时这是完全必须的，因为学生的每个行为都必须要被调查研究，并且，必须要对每个行为做出单独的和整体的质量评价。

※　※　※

运用实验心理方法和心理分析本身具有重要意义，但是，如果这又是以巴甫洛夫的生理学学说为理论基础，那么，这就具有了更加深刻的意义。

和唯心主义、二元论的心理学相比，巴甫洛夫找到了研究人和动物心理活动的新方法，这是具有奠基意义的。巴甫洛夫学说的核心就是心理学研究中的决定论。巴甫洛夫指出，“反射行为理论的依据有三个基本原则……”并且，他放在首位的是“决定论原则，即任何行为、反应都有推动力、理由、原因”①。

心理现象的决定论观点反映在生理学的反射理论中。反射表明生物机体的反应是受外部影响，还有机体内部环境产生的影响严格制约的。巴甫洛夫说：“中枢神经系统的最主要的活动是所谓的反

① 《巴甫洛夫全集》，第2版，第3卷，第2册，莫斯科一列宁格勒：苏联科学院出版社，1951年版，第164页。

射、反应活动，即刺激从传入路径到输出路径的传导、传输。”①

巴甫洛夫发现了研究高级神经活动的客观方式——条件反射方式。用客观实验方法巴甫洛夫在中枢神经系统——大脑两半球皮层的高级区的活动中发现了重要的规律：兴奋和抑制过程的扩散和集中，还有神经过程的相互诱导。同时，他还发现大脑皮层特有的独特规律，即产生新的反射活动，短暂联系的闭合，内部抑制。

为了研究教学问题我们运用生理学的高级神经活动的理论观点，运用这些理论的一般规律和事实。同时，调查研究在我们就某个教学内容，对某些学生所进行的教学现象研究中一般生理学规律所起的作用。

为了完成这项任务，只有一个途径，就是在教学研究中运用生理学实验和生理学分析。这不仅是为了证明，在我们所研究的现象中起作用的是高级神经系统的某个规律，还要说明这个规律在这里有什么具体表现。

在实验教学实验室对在教学研究中运用生理学方法进行了尝试。

在研究讲解和直观方法相结合的问题过程中，因为只有在教学研究中采用生理学方法，才能够解释结合方式一的效果。在使用这个方式时会引起强烈的定向研究的反应。定向反射的长期活

---

① 《巴甫洛夫全集》，第2版，第3卷，上册，莫斯科—列宁格勒：苏联科学院出版社，1951年版，第194页。

跃可以保持大脑两个半球皮层活动状态。

我们可以援引一些资料证明具有条件意义的刺激物的双重作用。正如库巴罗夫指出的①，这个刺激物一方面引起条件反应，另一方面也对大脑皮层的紧张度产生影响。

因为定向研究反应，大脑两个半球的皮层一定动力结构兴奋度得到提高。于是，第一信号系统具有的分析细致的特性发挥作用；形成一种机能镶嵌式，作用是对相似客体进行基本区分和分类。这样一来，为条件关系进行选择性和专门性的概括建立必要的前提条件，这种概括是在两个信号系统的共同作用的过程中取得的，在功能水平上明显高于初步的一般化②。

在运用讲解和直观方法相结合的某些形式时，生理学方法也被我们用来研究观察力的发展。此时，我们特别重视研究各种刺激物的条件联系的概括。

---

① 《高级神经活动的一些问题》，载《布鲁塞尔第 20 届国际生理学大会上的报告》，莫斯科：苏联科学院出版社，1956 年版，第 51 页。

② 赞科夫：《教学中教师讲解和直观方法的结合》，莫斯科：俄罗斯联邦教育科学院出版社，1958 年版，第五章，第 88～107 页。本章作者，兹鲍罗夫斯卡娅。

参考文献

1. 列宁：《什么是“人民之友”以及他们是如何攻击社会民主主义者的?》载《列宁全集》，第1卷。

2. 恩格斯：《自然辩证法》，载《马克思恩格斯选集》，第2版，第20卷，莫斯科：国家政治出版社，1961年版。

3. 阿夫杜诃夫：《学校工作的一般方法》，载《教育工作者》，莫斯科：1928年版。

4. 阿克尔曼：《苏联学校的教学原则和规则》，符拉基米尔书籍出版社，1955年版。

5. 阿纳尼耶夫：《儿童在教学过程中的发展》，载《苏联教育》，1957年第7期。

6. 阿纳尼耶夫、索罗金娜：《小学教学教育过程中儿童的发展》，载《小学教学教育过程中的问题》，莫斯科：教育书籍出版社，1960年版。

7. 阿纳尼耶夫：《才能和天赋的相互关系》，载米亚西谢夫：《才能问题》，莫斯科：俄罗斯联邦教育科学院出版社，1962年版。

8. 阿纳尼耶夫：《作为教育对象的人》，载《苏联教育》，1965年第1期。

9. 阿尔金斯卡娅：《数学课本（二年级）》，莫斯科：教育出版社，1966年版。

10. 阿尔金斯卡娅：《数学课本（三年级）》，莫斯科：教育出版社，1967年版。

11. 阿尔捷莫夫：《教育心理学》，莫斯科，1940年版。

12. 巴布什金：《课堂中学生的思维发展》，载达尼洛夫：论文集《教学中提高学生的自觉性》，莫斯科：俄罗斯联邦教育科学院出版社，1957年版。

13. 巴拉诺夫：《小学教学中儿童的情感体验》，莫斯科：俄罗斯联邦教育科学院出版社，1963年版。

14. 别尔克曼、格里先科：《唱歌教学中学生的音乐发展》，莫斯科：俄罗斯联邦教育科学院出版社，1961年版。

15. 鲍戈亚夫连斯基：《掌握正字法心理学》，莫斯科：俄罗斯联邦教育科学院出版社，1957年版。

16. 鲍戈亚夫连斯基、缅钦斯卡娅：《学校掌握知识心理学》，莫斯科：俄罗斯联邦教育科学院出版社，1959年版。

17. 博伊科：《现代心理学中能力和技巧问题的设定》，载《苏联教育》，1955年第1期。

18. 博罗杜莉娜：《现实物体用作直观手段的心理特点》，载《波捷姆金莫斯科国立师范学院学术记录》，1954 年第 36 期，第 2 版。

19. 博特温尼科夫：《部分教学法中的研究方法》，莫斯科：教育出版社，1964 年版。

20. 布鲁涅尔：《教学过程》（译自英文），莫斯科：俄罗斯联邦教育科学院出版社，1962 年版。

21. 布德尼茨卡娅、库兹涅佐娃：《劳动教学和学生的发展》，载《初等学校》，1959 年第 9 期。

22. 彪勒：《人的精神发展》（译自德文），新莫斯科出版社，1924 年版。

23. 瓦西里耶娃：《初等教学需要彻底变革》，载《人民教育》，1963 年第 3 期。

24. 维涅尔：《控制论》，莫斯科：苏联广播出版社，1958 年版。

25. 埃利科宁、达维多夫：《掌握知识的年龄可能性》，莫斯科：教育出版社，1966 年版。

26. 维果茨基：《学龄期的教学与智力发展问题：心理学研究集》，俄罗斯联邦教育科学院出版社，1956 年版。

27. 加尔基娜：《一年级书写和绘画教学中儿童对形式的理解》，载阿纳尼耶夫：论文集《儿童心理学与普通心理学问题》，莫斯科：俄罗斯联邦教育科学院出版社，1954 年版。

28. 加涅林：《教学的自觉性原则》，莫斯科：俄罗斯联邦教育科学院出版社，1961 年版。

29. 格穆尔曼：《识字教学方法的基本问题》，载《苏联教育》，

1939 年第 8、9 期。

30. 格穆尔曼：《学生对科学术语的掌握》，载《苏联教育》，1950 年第 10 期。

31. 戈兰特：《苏联学校的教学方法》，莫斯科：教育书籍出版社，1957 年版。

32. 古里亚诺夫：《技巧与行为》，载《莫斯科国立大学学术记录》，莫斯科，1945 年第 90 期。

33. 达维多夫：《小学引入代数成分的实验》，载《苏联教育》，1962 年第 8 期。

34. 达维多夫：《小学教学内容的变化》，载《苏联教育》，1964 年第 4 期。

35. 达尼洛夫：《乌申斯基的教学论》，莫斯科—列宁格勒：俄罗斯联邦教育科学院出版社，1948 年版。

36. 达尼洛夫：《学生对新的学习材料的理解和意识》，载《俄罗斯苏维埃联邦社会主义共和国教育科学院出版社通报》，1949 年第 20 期。

37. 达尼洛夫：《苏联学校的教学过程》，莫斯科：教育书籍出版社，1960 年版。

38. 达尼洛夫：《教育学的现代方法问题》（手稿权），莫斯科，1965 年版。

39. 达尼洛夫、叶希波夫：《教学论》，莫斯科：俄罗斯联邦教育科学院出版社，1957 年版。

40. 季斯捷尔维格：《德国教师指导手册》，1913 年版。

41. 叶希波夫：《课堂上学生的独立学习》，莫斯科：教育书籍出版社，1961 年版。

42. 茹伊科夫：《正确拼写行为的形成》，莫斯科：教育出版社，1965 年版。

43. 扎伊采娃：《强化教学对小学年龄儿童基本过程的影响》，载《俄罗斯苏维埃联邦社会主义共和国南部第 16 次生理学工作者科学会议材料》，奥尔忠尼启则，1967 年版。

44. 赞科夫：《记忆》，莫斯科：教育书籍出版社，1949 年版。

45. 赞科夫：《从巴甫洛夫学说的视角看记忆问题》，载《苏联教育》，1951 年第 6 期。

46. 赞科夫：《论在教育学中运用巴甫洛夫生理学说》，载《苏联教育》，1951 年第 10 期。

47. 赞科夫：《教学过程中小学生的发展》，载《初等学校》，1958 年第 7 期。

48. 赞科夫：《教学中的直观性和学生的积极性》，莫斯科：教育书籍出版社，1960 年版。

49. 赞科夫：《小学教学新体系的实验》，载《初等学校》，1964 年第 10 期。

50. 赞科夫：《论教学的教学论原理》，载《人民教育》，1962 年第 10 期。

51. 赞科夫：《论小学的教学》，莫斯科：俄罗斯联邦教育科学院出版社，1963 年版。

52. 赞科夫：《教学研究的方法和对象》，莫斯科：俄罗斯联邦教育科学院出版社，1962 年版。

53. 赞科夫：《心理学与教育学》，载《心理学问题》，1963 年第 6 期。

54. 赞科夫：《小学教学与教学论问题》，载《人民教育》，1964 年第 7 期。

55. 赞科夫：《一年级算术教学中的新方法》，莫斯科：教育出版社，1964 年版。

56. 赞科夫：《一年级数学课本》，莫斯科：教育出版社，1965 年版。

57. 赞科夫：《论我们的分歧》，载《初等学校》，1966 年第 2 期。

58. 赞科夫：《小学教学实验体系》，载《人民教育》，1966 年第 12 期。

59. 赞科夫、库兹涅佐娃：《教师对学生的教学》，载《初等学校》，1959 年第 7 期。

60. 赞科夫、库兹涅佐娃：《一年级算术教学经验》，莫斯科：教育书籍出版社，1961 年版。

61. 赞科夫、库兹涅佐娃：《一年级俄语教学经验》，莫斯科：俄罗斯联邦教育科学院出版社，1961 年版。

62. 津琴科：《下意识识记》，莫斯科：俄罗斯联邦教育科学院出版社，1961 年版。

63. 兹纳缅斯基、卡拉谢夫、斯塔利科夫、埃梅诺夫：《算术教学法》，莫斯科，1940 年版。

64. 伊万诺夫：《教学中的自觉性》，载《苏联教育》，1947 年第

10 期。

65. 伊利伊娜、奥戈罗德尼科夫：《组织大纲教学方法实验检验》，载《苏联教育》，1965 年第 2 期。

66. 伊杰尔松：《论教学论的科学原理》，载《人民教育》，1963 年第 10 期。

67. 伊杰尔松：《教育学中的数学方法和控制论方法》，莫斯科：教育出版社，1964 年版。

68. 卡巴诺娃—梅列尔：《学生形成知识和技巧心理学》，莫斯科：俄罗斯联邦教育科学院出版社，1962 年版。

69. 卡赞斯基：《苏联教学论原理》，《教学过程》（手稿权），列宁格勒，1947 年版。

70. 卡赞斯基：《苏联教学论原理》，《教学原则》（手稿权），列宁格勒，1948 年版。

71. 卡申：《课堂上学生的独立学习》，载《苏联教育》，1965 年第 8 期。

72. 基列延科：《理解的完整性和文艺才能》，载《心理学问题》，1956 年第 5 期。

73. 科马罗夫斯基：《论规律、原则、规则几个概念的演变及其在教育学中的相互联系》，载《苏联教育》，1947 年第 6 期。

74. 科尔尼洛夫：《心理学与教育学》，载《苏联教育》，1945 年第 7 期。

75. 科斯丘克：《儿童的教育和发展的相互关系》，载《苏联教育》，1956 年第 12 期。

76. 科斯丘克：《思维的心理学问题》，载论文集《苏联的心理科学》第 1 卷，莫斯科：俄罗斯联邦教育科学院出版社，1959 年版。

77. 科托夫：《学习表内乘除法的体系和方法》，莫斯科：教育书籍出版社，1958 年版。

78. 克罗多夫：《可喜的结果》，载《人民教育》，1966 年第 12 期。

79. 克鲁捷茨基：《学生数学才能心理学分析试验》，载米亚西谢夫：《才能问题》，莫斯科：俄罗斯联邦教育科学院出版社，1962 年版。

80. 库马林：《按新方法教学的地方》，载《人民教育》，1965 年第 10、11 期。

81. 库巴罗夫：《高级神经活动的某些问题》，载《第 20 届布鲁塞尔国际生理学代表大会上的报告》，莫斯科：俄罗斯联邦教育科学院出版社，1959 年版。

82. 洛尔德基帕尼泽：《论科缅斯基的教学论》第 2 版，莫斯科：教育书籍出版社，1949 年版。

83. 玛科夫基娜、涅柳宾：《学生在工业企业》，载斯卡特金：论文集《城市学校技术教学的经验》，莫斯科：俄罗斯联邦教育科学院出版社，1959 年版。

84. 缅钦斯卡娅：《算术教学心理学》，莫斯科：教育书籍出版社，1955 年版。

85. 米亚西谢夫：《苏联心理学中的才能问题及其最近任务》，载论文集《才能问题》，莫斯科：俄罗斯联邦教育科学院出版社，1962年版。

86. 奥戈罗德尼科夫：《学校各学科课堂效果的主要问题和研究方法》，莫斯科：莫斯科列宁国立师范学院出版社，1961年版。

87. 奥戈罗德尼科夫、阿莉斯托娃：《提高课堂效率的问题》，喀山：鞑靼书籍出版社，1959年版。

88. 奥孔：《教学问题》（译自波兰语），莫斯科：教育书籍出版社，1962年版。

89. 奥卜拉坎斯基：《论我们的教学论的优缺点》，载《人民教育》，1963年第5期。

90. 叶希波夫：《教学论原理》，莫斯科：教育出版社，1967年版。

91. 《巴甫洛夫全集》，第3、4卷（第2版），莫斯科—列宁格勒：苏联科学院出版社，1951年版。

92. 帕拉马尔丘克：《更大胆地寻求新思路》，载《人民教育》，1963年第6期。

93. 凯洛夫、冈察洛夫、叶希波夫、赞科夫：《教育学》，莫斯科：教育书籍出版社，1956年版。

94. 佩恩斯卡娅：《所谓臆想性运动行为的实验心理研究》，载《列宁格勒国立大学学术记录》，1953年第147期。

95. 阿纳尼耶娃、索罗金娜：《儿童教育和小学教学（一年级）》，莫斯科：俄罗斯联邦教育科学院出版社，1958年版。

96. 佩罗夫斯基：《学生知识的口头检查》，莫斯科：俄罗斯联邦教育科学院出版社，1955 年版。
97. 佩罗夫斯基：《教学中的方法问题》，载《苏联教育》，1956 年第 12 期。
98. 裴斯泰洛齐：《格尔特鲁达是如何教孩子的》，载《教育论文集》，第 2 卷，莫斯科：俄罗斯联邦教育科学院出版社，1963 年版。
99. 波利娅科娃：《俄语（一年级课本）》，莫斯科：教育出版社，1965 年版。
100. 波利娅科娃：《俄语（二年级课本）》，莫斯科：教育出版社，1966 年版。
101. 波利娅科娃：《俄语（三年级课本）》，莫斯科：教育出版社，1967 年版。
102. 维果茨基、达纽舍夫斯基：《心理学研究》，第 1 辑，教育书籍出版社，1935 年版。
103. 赞科夫：《学生在教学过程中的发展（一、二年级）》，莫斯科：俄罗斯联邦教育科学院出版社，1963 年版。
104. 赞科夫：《学生在教学过程中的发展（三、四年级）》，莫斯科：教育出版社，1967 年版。
105. 列舍特尼科夫：《教儿童学习》，载《人民教育》，1963 年第 6 期。
106. 罗玛诺夫斯卡娅、罗马诺夫：《生动的语言——一年级阅读课本》，莫斯科：教育出版社，1965 年版。

107. 罗玛诺夫斯卡娅、罗马诺夫：《生动的语言——二年级阅读课本》，莫斯科：教育出版社，1966 年版。

108. 罗玛诺夫斯卡娅、罗马诺夫：《生动的语言——三年级阅读课本》，莫斯科：教育出版社，1967 年版。

109. 鲁宾斯坦：《普通心理学原理》，莫斯科：教育书籍出版社，1946 年版。

110. 卢梭、埃米利：《教育论》，莫斯科，1896 年版。

111. 萨哈罗夫：《研究概念的方法》，载《心理学》，1930 年第 1 辑，第 3 卷。

112. 斯卡特金：《苏联学校的教学原则》，载《苏联教育》，1950 年第 1 期。

113. 斯卡特金：《教学论研究的重要方面》，载《人民教育》，1964 年第 3 期。

114. 斯卡特金：《教学论问题研究的基本方向》，载《苏联教育》，1966 年第 8 期。

115. 斯米尔诺夫：《记忆心理学问题》，莫斯科：教育出版社，1966 年版。

116. 赞科夫：《教学中教师讲解和直观手段的结合》，莫斯科：俄罗斯联邦教育科学院出版社，1958 年版。

117. 斯捷帕尼申：《有些问题需要回答》，载《人民教育》，1963 年第 3 期。

118. 苏沃罗娃：《技巧随着因素次序发生的变化而改变》，载《劳动心理学问题会议上报告的论题》，莫斯科：俄罗斯联邦教育科学院出版社，1957 年版。

119. 捷普洛夫：《音乐才能心理学》，载《个性差异问题》，莫斯科：俄罗斯联邦教育科学院出版社，1961 年版。

120. 季托娃：《学生的言语修养与发展》，载阿纳尼耶娃、索罗金娜：论文集《小学的教学与教育问题》，莫斯科：教育书籍出版社，1960 年版。

121. 通科诺加娅：《四年级劳动课中发展学生智力积极性和独立性》，载索罗金娜、戈连基娜：论文集《小学教学过程中儿童的教育与发展》，莫斯科：俄罗斯联邦教育科学院出版社，1960 年版。

122. 达尼洛夫：《八年制学校的课堂教学》，莫斯科：教育出版社，1966 年版。

123. 赞科夫：《掌握知识和小学生的发展》，莫斯科：教育出版社，1965 年版。

124. 乌申斯基：《星期日学校》，载《乌申斯基文集》，第 5 卷，莫斯科：俄罗斯联邦教育科学院出版社，1949 年版。

125. 乌申斯基：《作为教育对象的人》，载《乌申斯基文集》，第 8、9 卷，莫斯科—列宁格勒：俄罗斯联邦教育科学院出版社，1950 年版。

126. 沙波瓦连科：《科学原理教学中的研究对象和方法问题》，载《俄罗斯苏维埃联邦社会主义共和国教育科学院出版社通报》，1952 年第 43 期。

127. 希姆比列夫、奥戈罗德尼科夫：《教育学》，莫斯科：教育书籍出版社，1954 年版。

128. 埃利科宁：《小学生的智力能力和教学内容》，载论文集《掌握知识的年龄可能性》，莫斯科：教育出版社，1966 年版。

129. 埃尔德尼耶夫：《积极地、创造性地、高效地教数学》，载《人民教育》，1962 年第 9 期（增刊）。

130. 亚科夫列娃：《一、二年级学生掌握测量长度的能力》，载《俄罗斯苏维埃联邦社会主义共和国教育科学院出版社通报》，1956 年第 86 期。

За актизиране на ученнците при обучението. София，1964.

Klein H. Didaktische Prinzipien und Regeln/ Berlin，1961.

Okon W. Proces nauczania. Warscawa，1965.

Okon W. Zarys dydaktyki ogolnej. Warscawa，1963.

Skalkova — Prachazkova J. K zakladum vyncovaciho procesu. Praha，1965.

Cantor N. Dynamics in learning. Foster and Stewart. Buffalo，New York，1946.

Guthrie E. R. The psychology of learning. Harper and Brothers. New York，1952.

Thorpe L. P. Contemporary theories of learning. New York，1954.

Averill L. A. The psychology of the elementary school child. Longmans. New York — London，1949.

Hurlock E. B. Child development, 3rd ed. McGraw—Hill. New York, 1956.

Testing Problems in Perspective. Ed. by A. Anastasi, 1966.